KB248499

철학의 오솔길

철학의 오솔길

철학에 쉽게 다가가고픈

그대가 걸어가는

서른 갈래 오솔길

철학의 오솔길

강영계 지음
건국대 철학과 명예교수

나는 나 자신을 탐구했다

1970년대 중반의 11월, 늦가을이라 가로수 잎도 다 떨어지고 가끔 작은 회오리바람이 낙엽을 이리저리 몰고 다녔다. 사람들은 어디를 향해 가는지도 모른 채 옷깃을 여미고 종종걸음으로 시간을 앞당기고 있었다.

나는 비행기에 올라 창가에 앉았다. 이리저리 둘러보니 사우디에 일하러 가는 기술자들이 단체로 탑승하고 있었다. 기술자들은 너나 할 것 없이 마치 전쟁터에 나가는 군인들처럼 입을 굳게 다물고 안내자의 지시에 따라 기계처럼 움직이고 있었다. 기술자들은 돈을 벌기 위해 비행기를 탔고 나는 마음의 여유를 벌기 위해, 철학을 갈고닦기 위해 비행기에 올랐다.

비행기가 라인 강을 따라서 독일 프랑크푸르트 공항 쪽으로 향하자말로만 듣던 독일의 숲이 시야에 들어왔다. 숲은 초록색, 노란색, 갈색, 빨간색 등으로 물들어 있었다. 숲은 라인 강 양안으로 전개되면서 온갖 색깔의 심포니를 웅장하게 연주하고 있었다.

스승인 베를링거 교수는 박사 학위 취득을 위한 마지막 구두시험 때 셸링의 동일철학에 관해 다음과 같이 물었다.

"나는 문 밖에 있네. 셸링의 동일철학의 입장에서 나의 이 말에 대해 자네가 답을 하게나."

박사 학위 취득을 위한 구두시험 주제가 독일 관념론인 것을 미리 알고 있었던 나는 칸트로부터 헤겔에 이르기까지 많이 읽고 준비했다. 그런데 스승의 물음은 너무 황당했다. 서른이 넘어 철학 박사를 한답시고 독일까지 유학 와서 30대 후반이 다 되어 학위 마지막 관문인 구두시험에서 불합격하면 스승과 친구들에 대한 면목도 없을뿐더러 먼 이국땅에서 죽기 살기로 공부한 것도 모두 공염불이 되리라는 생각만이 머릿속에 가득했다.

그러자 순간적으로 번쩍이는 한줄기 빛이 지나갔다. 나는 천천히 입을 열었다.

"저는 문 안에 있습니다."

내 말이 떨어지자마자 스승은 책상을 두드리면서 큰 소리로 껄껄 웃었다.

죽음이 꽤나 낯익은 얼굴로 저만치에서 손짓하는 나이로 접어들었다. 어쩌다 철학 강연을 하다 보면 철학에 대해 불평하거나 원망하는 소리를 듣곤 한다.

"철학 자체가 어려운 건가요, 아니면 철학 책의 표현이 어렵기 때문에 철학을 이해하기 어려운 건가요?"

"철학은 인생의 오묘한 이치를 깨닫게 해주고 삶의 참다운 도를 가르쳐주는 학문이니까 어려운 것이 당연하지요. 그래도 성경이나 불경은 쉽게 이해할 수 있는데 철학 책은 정말 어렵습니다. 철학을 쉽게 이해할 수 있는 책은 어디 없나요?"

이런 물음에 접할 때마다 나는 고민했다. 확실한 이유는 모르겠지만 고대 그리스 철학자 헤라클레이토스의 "나는 나 자신을 탐구했다"는 말이 뇌리에서 떠나지 않았다. 또 미셸 푸코의 "사유에 대한 비판적 사유" 역시 머릿속에서 맴돌았다. 결국 '자기비판'과 '자기반성'이 철학일 텐데, 이 내용을 어떻게 머리와 가슴으로 직접 느끼고 깨닫게 해줄 것인지가 문제라는 생각이 들었다.

나 자신을 스스로 탐구하면서 오랜 시간 삶의 짐을 지고 왔다. 나 자신에 관한 탐구는 결국 세계의 의미와 가치에 관한 탐구였다. 나 자신에 관한 탐구는 다양한 탐구를 잉태하고 출산해 냈다. 학문, 철학, 논리, 사물과 세계의 존재, 가치, 아름다움, 사랑, 행복, 죽음, 욕망…….

삶은 쉬지 않고 지루한 일상성의 쳇바퀴를 돌았지만, 나는 결코 의심과 경탄을 버리지 않았다. 이러한 의심과 경탄의 에너지로 의심 가는 것은 무엇이든지 물었고, 사소하더라도 답을 찾으면 경탄을 금치 못했다. 조금이라도 성숙한 삶과 사회를 맛보려고 하는 사람은 철학에 좀 더 쉽게 다가가고픈 욕망을 느끼게 마련이다.

이제 나는 혼자서 끌어온 철학의 수레를 천천히 굴리면서 철학에 쉽게 다가가고픈 그대에게 이 수레를 함께 굴리기를 권한다. 우리 사회의 표면은 얼핏 보면 선진국을 뺨친다. 그러나 사회의 깊숙한 내면을 잠시라도 들여다보면 경악을 금하지 않을 수 없다. 사회 곳곳에 부정부패가 만연하고 빈부 격차가 극심해서 양극화 현상이 극에 달했다. 남북통일의 길은 여전히 까마득하기만 하고 언제나 끔찍한 전쟁의 불안이 도사리고 있다.

자기비판, 자기반성 그리고 자기창조의 주체적 철학하기가 절실히 필요한데도 우리는 화려하고 풍요로운 순간을 즐기기에 여념이 없는 것 같다. 이렇듯 앞이 보이지 않을 정도로 캄캄하고 풍랑 심한 밤바다에서 조금이라도 앞길을 밝혀줄 수 있는 작디작은 등불을 찾을 가능성은 전혀 없다는 말인가?

촛불을 불어 끄기 위해서는 촛불을 볼 수 있는 빛이 필요하다.

2012년 가을

강영계

* 일러두기: 본문에 병기된 원어는 해당 용어가 처음 사용된 원전에 맞춰 라틴어, 영어, 독어, 프랑스어 등으로
  표기했습니다.

삶의 방향을 찾기 위해서는 철학이 필요하다

우리의 내면에는
이미 철학의 오솔길이 존재한다

많은 사람들이 철학을 어렵다고 한다. 철학과에 다니는 학생들을 비롯해서 대학에서 철학을 가르치는 교수들까지도 철학을 어려운 학문으로 생각하는 것이 사실이다. 내가 1970년대 중반 독일에 유학 갔을 당시, 한 독일인이 무슨 공부를 하느냐고 묻기에 철학을 공부한다고 대답했더니 몹시 놀라는 눈치였다.

"동양의 먼 나라에서 독일까지 와서 그것도 독일 철학을 공부한다니, 정말 대단한 일이군요. 나는 독문학을 전공했고 지금은 김나지움의 독일어 교사예요. 철학을 부전공으로 하려고 몇 시간 강의를 들었지만 도저히 이해할 수 없어서 교육학과 사회학을 부전공으로 선택했어요. 그런데 철학은 너무 어려운 학문이 아닌가요? 그리고 철학은 실생활에 직접 써먹기 힘든 것으로 알고 있어요. 요컨대 철학을 가지고 돈벌이하기는 힘들다는 거지요. 한국이 그다지 잘사는 나라가 아닌데, 독일에서 철학 박사 학위를 받아서 돌아가면 뭘 해서 먹고살지요?"

상당수의 사람들이 철학은 매우 어려운 학문이고 실생활의 밥벌이와는 거리가 멀다고 막연하게 생각하는 경향이 있다. 철학에 대한 다양한 생각을 한번 들어보자.

"철학은 너무 고매한 사상이기 때문에 일상생활을 해나가는 일반인이 접하기는 너무 어려워. 내가 알기로는 공자, 소크라테스, 석가모니, 예수 등의 사상을 체계화한 것이 철학인데, 우리네야 그런 것이 있구나, 하고 알기만 하면 되는 거야. 그런 사상을 배우려면 매우 긴 시간 동안 끊임없이 노력하고 공부하지 않으면 안 될 거야."

"내가 아는 철학은 한마디로 도를 닦는 거야. 그러니까 보통 사람들이 가까이할 수 있는 것이 아니지. 쉽게 말하면, 소위 신내림을 받은 사람만 접할 수 있는 게 철학이야. 점쟁이나 무당이 무슨 철학원이라는 간판을 내걸고 인간의 길흉화복을 예언할 수 있는 것은 그들이 신내림을 받았기 때문이라고. 인간의 능력을 초월하는 영역을 그들만의 고유한 철학으로 알 수 있는 거지. 그들에게는 초월적인 것을 아는 학문이 바로 철학인 셈이지."

"나는 좀 다르게 생각해. 철학은 그렇게 어려운 것도, 그렇다고 초월적인 것도 아니고 우리 생활과 아주 가까운 세계관이요 인생관이야.

정치가나 경제인이 정치 철학이나 경제 철학은 이러이러하다고 할 때, 그것이 바로 그들의 세계관이거나 인생관이야.

　그러니까 정상적인 사람이라면 누구나 자신만의 철학을 가지고 있다고 볼 수 있어. 사람은 누구나 자신의 삶을 이끌어가기 위해 인생관 내지 세계관을 가지고 있기 때문이야."

　철학을 크게 두 가지로 나눌 수 있다. 하나는 인생관이나 세계관으로서의 철학이다. 이것은 고대 그리스인들이 생각했던 넓은 의미의 철학으로서 바로 지혜에 대한 사랑이다. 영어에서 철학을 의미하는 'philosophy'는 원래 두 개의 그리스 단어인 '사랑하다(philein)'와 '지혜(sophia)'가 합해진, 지혜에 대한 사랑(philosophia)에서 온 말이다. 고대 그리스에는 지식을 의미하는 몇 개의 단어가 있었는데, 독사(doxa), 에피스테메(episteme), 프로네시스(phronesis), 소피아(sophia) 등이다. 독사는 일상생활에서 우리가 지닌 상식으로, 이것은 대체로 관습에 의존한다. 에피스테메는 객관적 대상에 관한 올바른 지식이다. 프로네시스는 건전한 양식이나 사려다. 소피아는 가장 근본적인 진리를 파악하는 자각적인 지식으로서의 지혜를 뜻한다.

　철학이라는 개념을 처음으로 말한 사람은 피타고라스로 알려져 있지만, 학문적 성격을 가진 철학을 참다운 개념의 차원에서 제일 먼저 언급한 인물은 소크라테스라고 한다. 소크라테스는 아테네인에게 지적 자극을 강하게 준다는 뜻에서 스스로를 아테네의 등에라고 일컬었다. 한편 돈을 받고 젊은이들에게 지식을 팔아먹는 궤변철학자들을 가리켜서 지자(知者, sophos)라고 불렀다. 그리고 자신처럼 순수하게 삶과 세계의 지혜를 추구하며 가르치는 철학자를 궤변철학자들과 구분하여 애지자(愛智者, philosopos)라고 했다.

플라톤은 『향연(*Symposion*)』에서 무당 디오티마가 소크라테스에게 사랑(eros)의 출생, 본질 그리고 결과에 대해 말하는 것을 신화의 형식을 빌려서 상세히 표현하고 있다.

사랑과 아름다움의 여신 아프로디테의 생일에 신들이 모여서 축하하고 있었는데, 그중에 메티스의 아들인 풍요로움의 신 포로스(Poros)가 있었다. 포로스는 취해서 제우스의 정원에 들어가 곤하게 잠들어버렸다. 일단 식사가 끝나자 신들의 큰 잔치마다 그랬듯이 페니아(Penia)가 구걸하기 위해 문 가까이에 다가왔다. 페니아는 궁핍의 여신으로 늘 가난에 허덕이면서 가난을 면하려 애썼다.

보통 때도 페니아는 풍요로움의 신인 포로스의 아이를 임신했으면 하고 간절히 바라고 있었다. 절호의 기회가 찾아왔다고 생각한 페니아는 포로스와 잠자리를 같이함으로써 에로스(Eros)를 잉태하게 되었다. 후에 에로스는 아프로디테의 동반자이자 시종이 되었다. 에로스는 아프로디테의 생일날 출생했기 때문에 자연히 아름다움을 사랑했던 것이다.

에로스는 페니아와 포로스의 아들이므로 한편으로는 늘 가난했다. 많은 사람들은 에로스를 섬세하지 못하고 아름답지도 않다고 생각했다. 에로스는 거친 성격에 언제나 맨발로 걸어 다녔으며, 집도 없이 땅바닥에서 잠을 청하곤 했다. 혹은 남의 집 문 앞에서 별을 쳐다보면서 노숙하기도 했다.

그러나 한편으로 에로스는 풍요로운 아버지 포로스를 닮은 면도 있었다. 에로스는 아름답고 선한 것을 갈망했다. 그는 남자다웠고 열정적이었으며 세계의 근원적 원리를 추구했다. 그는 참다운 지식을 원했고 그런 지식을 찾는 방법을 알고 있었다. 그는 자신의 전 생애를 통해 철학하기를 멈추지 않았다.

에로스는 영원한 소멸도 아니며 영원한 불멸도 아니다. 마찬가지로 에로스는 절대적 빈곤도 아니고 절대적 풍요도 아니다. 플라톤에 의하면 철학은 에로스다. 에로스는 언제나 지혜와 무지 사이에 있으면서 지혜를 사모한다. 이와 같은 에로스의 신화에서 암시를 얻은 소크라테스는 지혜에 대한 사랑을 철학이라고 했고, 따라서 지혜를 사랑하는 자를 일컬어서 철학자라고 불렀던 것이다.

특히 플라톤에게 철학이란 무지로부터 지혜에 도달하려는 노력이며 과정이다. 철학은 명사보다 동사로서 이해되어야 하므로 '철학'보다는 '철학하다'라는 말이 적절한 표현일 것이다. 철학적 정신이 바로 에로스다. 인간이라면 누구나 진리를 갈구하고 사모하는데, 그 이유는 본래부터 인간이 에로스를 지니고 있기 때문이다.

크게 보아 문화를 구성하는 요소는 학문, 예술, 도덕, 종교의 네 가지라고 할 수 있다. 물론 정치, 법, 경제, 과학 등도 문화의 중요한 요소이기는 하지만, 문화의 가장 기본적인 요소는 아니다. 학문의 영역에서 보면 개별 학문(개별 과학)과 철학을 구분할 수 있다. 개별 학문은 특수한 진리를 탐구한다. 예컨대 기하학은 도형의 진리를, 산술은 수의 진리를, 생물학은 생물의 사실에 관한 진리를 연구한다. 그러나 철학은 수리철학이나 과학철학의 형태로 수에 관한, 그리고 생명에 관한 보편적이며 근원적인 진리를 탐구한다.

보통 수학을 어렵고 귀찮게 생각하는 경향이 있다. 그러나 가장 간단한 단계의 수학부터 확실히 이해하고 다음 단계로 넘어가면 수학만큼 쉬운 학문도 없다. 철학도 마찬가지다. 철학적 개념의 명확한 의미를 이해하고 철학적 판단과 추리를 차근차근 따라가다 보면, 어느새 별 어려움 없이 대상을 분석하고 종합하면서 비판적으로 사유하는 철학하기에 익숙한 자신을 발견하게 된다. 나도 모르는 사이, 의심의 문턱을 지나서 창조적인 진리에 다가가 있다. 그리고 내면에 이미 존재하는 철학의 오솔길을 걸어가고 있는 자신을 발견하고 놀라움을 금할 수 없게 된다.

여유와 느림을 찾아주는
철학하기

독일의 관념론 철학자 헤겔(Georg Hegel)은 『법철학 강요(*Grundlinien der Philosophie des Rechts*)』에서 "미네르바의 올빼미는 황혼녘에야 날개를 편다"라고 말했다. 올빼미는 야행성 동물이니까 당연히 어둠 속에서 먹이를 사냥하면서 활동하고, 날이 밝으면 어두컴컴한 숲에서 잠을 청한다. 그러나 헤겔의 말은 정신적 역사와 문화의 성숙을 암시한다.

철학은 결코 지식에 대한 사랑이 아니고 어디까지나 지혜에 대한 사랑이다. 일상생활에서 급히 해결해야 할 문제에 직면할 경우, 재빠르고 날쌔게 문제를 해결하기 위해 지식이 필요하다. 지식이라고 할 때 한자 지(知)는 화살 시(矢)와 입 구(口)가 결합된 것이다. 입이 화살을 타고 재빠르고 날쌔게 날아가는 것이 바로 지식이다. 그러나 지혜라고 할 때 지(智)는 화살 시(矢)와 입 구(口) 그리고 날 일(日)이 결합된 것이다. 입이 화살처럼 날아가더라도 태양(또는 대낮)처럼 밝게 날아가는 것이 지혜다. 따라서 지혜란 사물이나 사태에 대한 보편적이며 근원적인 앎을 뜻한다.

아리스토텔레스 역시 여유가 있어야 철학을 할 수 있다고 말했다. 요새 젊은이들을 보고 있노라면 철학의 부재를 실감하지 않을 수 없다. 젊은이들은 스마트폰과 컴퓨터 그리고 외모에 전적으로 주의를 집중하고 있는 것 같다. 한마디로 너무 바쁘고 여유가 없다.

분명히 철학은 여유와 느림의 학문이다. 철학적인 관점에서 볼 때, 예수가 인류의 위대한 스승이자 성인으로 길이 남은 이유는 어디에 있을까? 예수는 삶은 물론 죽음을 통해 여유와 느림을 잘 보여주었다. 예수는 33년의 짧은 인생을 살았지만, 인류에게 엄청난 선물을 남기면서 여유 있게 살았다. 예수는 죽어가는 순간에 "왜 나에게 이토록 견딜 수 없는 고통을 줍니까?"라며 반항하고 의심하지만, 끝내는 여유와 느림을 가지고 "뜻대로 하소서"라고 단호하게 말하면서 죽음을 영광스러운 삶으로 승화시켰다.

소크라테스가 사형 선고를 받고 죽음을 맞이하는 태도 역시 여유와 느림의 철학을 반영한다. 플라톤의 대화편(*Dialogues*)에서 『소크라테스의 변명(*Apologia*)』과 『파이돈(*Phaidon*)』을 보면 주인공으로 등장하는 소크라테스가 당당하게 죽음에 임하는 것을 알 수 있다. 플라톤의 『향연』과 『파이돈』은 각각 삶과 사랑 그리고 죽음의 의미와 가치를 제시해 준다. 『소크라테스의 변명』은 『파이돈』과 밀접히 연관되어 있는 부분으로, 소크라테스가 왜 사형 선고를 받는지, 그리고 사형 선고에 대해 소크라테스 자신이 어떻게 스스로를 변호하는지 상세히 묘사하고 있다. 'Apologia'를 '변명'으로 번역한 것은 아마도 일본인들이었을 것이다. 올바른 번역은 '변명'이 아니라 '변호' 혹은 '변론'이어야 한다. 소크라테스는 죄인으로 고발당해서 사형 선고를 받은 자신을 당당하게 변호하기 때문이다.

소크라테스가 스스로를 변호하는 내용을 간략하게 요약하면 다음과 같다.

"아테네에서 매우 비중 있고 부유한 사업가인 안테미온의 아들 아뉘토스는 멜레토스에게 이 소크라테스를 나쁜 인간으로 소개했습니다. 아뉘토스와 멜레토스는 합심해서 뤼콘을 시켜서 나를 고발하도록 했지요. 그들의 고발장 내용을 들여다보면 대강 다음과 같습니다.

'소크라테스는 아테네의 신들을 신들로 인정하지 않고 새 신들을 소개하는 죄를 범했습니다. 또한 그는 젊은이들을 타락시키는 죄를 범했습니다. 요구되는 죄의 대가는 사형입니다.'

이 고발장의 내용이 사실이라면 나, 소크라테스는 아테네의 신들도 믿지 않고 청년들을 타락시킨다는 결론이 됩니다. 그렇다면 이 소크라테스만 빼놓고 법, 재판관, 원로원, 종교 전도자들은 모두 청년들을 선하게 교육하고, 그들은 모두 아테네의 신들을 성실하게 믿는다고 말할 수 있습니다. 그러나 여러분 모두가 잘 아는 것처럼 나는 아테네의 신들을 누구보다 진실되게 믿으며 청년들에게 정의를 가르쳤습니다.

도시국가의 최고의 덕목은 정의입니다. 지혜와 용기 그리고 절제의 세 덕목들이 조화를 이루었을 때 정의를 획득할 수 있습니다. 정의롭게 살다가 정의롭게 죽는 사람이야말로 행복한 인간입니다. 나, 소크라테스는 정의롭게 살았고 또 정의롭게 살고 있기 때문에 불의를 범했다고 인정할 수 없습니다.

비록 사형 선고를 받아서 독약을 마시고 죽을지라도 나는 떳떳하게 정의롭다는 것을 주장하면서 정의롭게 죽어가겠습니다. 독약을 먹고 죽어가는 순간, 몹시 힘들고 괴로울 것입니다. 그러나 정의롭게 죽어가기 때문에 어느 누구보다도 행복한 마음으로 죽음을 맞이할 것입니다."

소크라테스가 죽을 당시 그의 나이는 70살이었으며, 소크라테스와 그의 아내 크산티페 사이에는 3남이 있었다. 큰 아들은 소년이었고 나머지 두 아들은 아직 어렸는데, 가장 어린 아들은 아직 크산티페의 품 안에 안겨 있었다. 소크라테스 역시 인간이고 어린 아들을 위해 더 살고 싶었을 것이다. 그러나 산전수전 다 겪은 소크라테스는 이미 성숙한 미네르바의 올빼미였고, 자신이 정의롭게 죽는 것이 아테네의 앞날에 등불이 되리라는 것을 확신하고 있었다. 미네르바의 올빼미는 여유와 느림의 지혜다. 그것은 기다림의 성숙한 철학이다.

『소크라테스의 변명』의 맨 마지막 부분에서 소크라테스는 다음처럼 말한다.

"자, 이제는 우리가 떠나야 할 시간이다. 나는 죽기 위해서, 그리고 그대들은 살기 위해서 헤어져야 할 시간이다. 나의 운명과 그대들의 운명 중 어떤 것이 더 좋은 운명인가? 오직 신만이 그것을 알 뿐, 인간은 그것을 알지 못한다."

『소크라테스의 변명』에서 시종일관 소크라테스는 삶과 세계를 관조하는 태도를 지니고 있다. 소크라테스는 플라톤의 다른 저술에서와 마찬가지로 『소크라테스의 변명』에서도 반어법(反語法, eironeia)과 산파술(産婆術, maieutike)을 자연스럽게 사용하고 있다. 반어법과 산파술은 바로 여유와 느림의 철학을 가져야만 가능한 소크라테스 특유의 철학 방법론이다.

반어법은 부정적 방법에, 그리고 산파술은 긍정적 방법에 해당한다. 예컨대 소크라테스 자신은 정의에 관해 아무것도 모르는 입장이라고 치고 젊은 대화 상대자의 주장에 대해 질문을 계속 던짐으로써 결국에 가서는 젊은이가 자신의 원래 주장에 반대되는 결론에 도달하게끔 하는 방법이다.

궤변철학자들은 자신들이 새 지식을 청년들에게 가르쳐서 알게 해준다고 확신했으므로 돈을 받고 지식을 팔았다. 소크라테스는 산파인 자신의 모친이 임산부를 도와서 아기를 출산하게 한다는 사실을 어려서부터 잘 알고 있었다. 소크라테스가 생각하기에 청년들은 마치 임산부처럼 참다운 지식이라는 아기를 스스로 잉태하게 마련이다. 따라서 그는 산파처럼 청년들을 도와서 청년들 스스로가 참다운 지식을 산출하게끔 하는 것일 뿐이니, 돈을 받을 필요를 느끼지 못했다.

21세기에 들어와서 대부분의 개별 학문은 철학과 밀접한 연관성을 망각하고 오로지 순간적인 실용성과 효용성만 강조하는 경향이 강하다. 개별 학문이 의미와 가치로 충만한 삶, 동시에 창조적인 문화 창출을 목적으로 삼는다면 반드시 여유와 느림의 철학을 기초로 재구성되지 않으면 안 된다. 예컨대 교육학, 경제학, 물리학 등은 교육철학, 경제철학(사회철학), 과학철학 등에 관한 탐구를 동반할 때 비로소 창조적이며 미래 지향적인 개별 학문이 될 수 있다.

철학은 분명히 여유와 느림의 분석적, 종합적 및 비판적 학문이다. 여유와 느림은 마음, 곧 정신의 여유와 느림이다. 총탄이 빗발치는 제

1차 세계대전의 참호 속에서도 정신적인 여유와 느림을 만끽하면서 불후의 철학 명저 『논리철학논고(*Tractatus Logico-Philosophicus*)』를 메모지에 작성한 비트겐슈타인(Ludwig Wittgenstein) 역시 소크라테스와 마찬가지로 삶과 세계의 창조적 의미와 가치를 마음껏 음미한 인물이다.

철학에는 학문의
존재 근거가 담겨 있다

일이관지(一以貫之)라는 말이 있다. 한 가지 방법이나 태도로 한결같이 꿰뚫는다는 것이 사전의 뜻풀이다. 요즘 달인을 소개하는 TV 프로그램이 있다. 몇 십 년간 한 가지 일에 일이관지했기 때문에 달인은 각자가 맡은 분야에서 신의 경지에 도달했을 것이다.

"여러 마리 토끼를 동시에 따라다니는 사람은 결국 토끼 한 마리도 잡지 못한다"는 말이 있다. 물론 모든 달인이 처음부터 한 가지 일에 매진했을 리는 없다. 이것저것 해보다가 적성에 맞고 좋아해서 한 가지에 매진하여 달인이 되었을 것이다. 음식의 달인이든 밥그릇의 달인이든 간에, 달인이라면 기본기가 확실하지 않으면 안 된다. 매사에 있어서 기초가 견고하지 않으면 뜨내기를 면할 수 없다.

학문 또한 기초가 확고하지 않으면 임시방편으로 실용성과 효용성은 높아질지 몰라도 정상적으로 발전할 수는 없다. 현재 우리나라의 의학 수준을 살펴보자. 대형 종합병원이 여기저기에 있고 수많은 침상을 갖춘 대형 대학병원도 사방에서 볼 수 있다. 보통 생각하기에 한국의 의학 수준은 세계 최고를 자랑한다. 특히 미용 성형 의학은 가히 세계적이라고 할 수 있다. 그런데 해부학, 신경병리학, 세균학 등의 기초 의학은 어떤가? 그리고 대형 병원에서 사용하고 있는 최신 의료 기기는 대부분 수입품이 아닌가?

문화 선진국은 돈만 많다고 되는 것이 아니다. 장기간에 걸친 계획과 노력 그리고 열정이 삶과 사회의 기초 분야에서 일이관지했기 때문에 가능했던 것이다. 많은 사람들이 한결같이 '철학은 너무 어렵다'고 하소연한다. 이상하게도 철학을 어렵다고 생각하는 사람들은 대부분 수학도 어렵다고 생각한다. 그 이유는 여러 가지가 있겠지만 수학이나 철학의 기초를 견고하게 닦지 않은 것이 가장 큰 이유다.

"철학은 정말 어려운 학문인가 봐. 철학과 대학원에 다니는 학생은 말할 것도 없고 철학과 교수들도 '철학을 간단히 말하는 것은 불가능하다. 적어도 5~6년 이상 철학을 배워야 철학이 무엇인지 어렴풋이 알기 시작한다. 철학이 무엇이냐고 단도직입적으로 물으면 평생 철학을 배우고 가르친 철학 교수도 당황할 수밖에 없다. 철학은 그만큼 어려운 학문이기 때문이다'라고 답하는 경우가 흔해."

"하기야 현대에 들어와서는 거의 모든 개별 학문, 곧 인문과학과 자연과학 그리고 사회과학이 철학에서 빠져나왔으니까 철학은 껍질만 남고 알맹이가 아무것도 없는 빈탕이야. 게다가 마르크스(Karl Marx)

가 말한 것처럼 물질적 욕망 충족이 바로 인간의 행복이야. 개별 학문은 더 이상 순수한 진, 선, 미를 탐구하는 지성의 활동 분야가 아니야. 개별 학문은 인간의 욕망 충족을 실현시키기 위한 수단에 불과해."

"나는 좀 생각이 달라. 마르쿠제(Herbert Marcuse)가 일차원적 인간이니, 일차원적 사회니, 인간과 사회를 부정적으로 말한 근거는 현대인과 현대 사회에 대한 냉철한 비판이야. 마르쿠제가 보기에 인간과 사회는 원래 다원적이지. 다원적 차원에서 인간과 사회가 전개되고 발전할 때 비로소 열린 인간과 열린사회가 가능한 거야. 인간과 사회에 대한 기초적인 이해가 깔려 있지 않으면 일차원적 인간과 사회가 강조되고, 따라서 닫힌 사회가 우리의 삶을 지배하고 질식시키려 들지.
철학이란 인간과 사회에 대한 기초적 이해를 바탕으로 하기 때문에, 철학은 모든 개별 학문의 기초학이라고 할 수 있어."

"나도 비슷한 생각이야. 어떤 사람은 철학으로부터 인문학, 자연과학, 사회과학들이 다 빠져나왔기 때문에 더 이상 철학은 학문으로서 존재할 수 없고 종말을 고했다고 주장하기도 해. 그렇지만 논리학, 인식론, 윤리학, 형이상학, 미학 등은 여전히 철학의 중요한 구성 요소로 남아 있어. 그러니까 철학의 구성 요소들, 곧 철학의 분과들을 알면 철학이 어떤 학문인지도 분명하게 알 수 있지."

우선 철학은 다른 개념 학문과 달리 다음에 제시하는 몇 가지 이유 때문에 기초학이라 할 수 있다.
첫째, 철학은 삶과 세계의 보편 필연적 근거 내지 원리를 탐구한다.

둘째, 철학은 특정한 방법(예컨대 해석학이나 현상학)을 사용하여 대상을 탐구한다.

셋째, 철학은 개별 학문의 성립 근거를 밝힌다.

넷째, 철학은 개별 학문의 성과를 분석하고 종합하며 비판함으로써 미래 지향적인 발전 방향을 개별 학문에 제시한다.

다음으로 철학의 분과들을 정확히 이해할 수 있으면 왜 철학이 기초학인지, 그리고 어떤 이유에서 철학이 개별 학문의 존재 근거가 되는지 이해할 수 있다. 철학이 개별 학문의 기초학인 이유는 교육철학, 정치철학, 과학철학, 역사철학, 법철학 등의 명칭만 보아도 알 수 있다. 교육학의 기초학은 교육철학이고, 경제학의 기초학은 경제철학이며, 법학의 기초학은 법철학이다.

앞에서 살펴본 것처럼 철학의 분과들은 논리학, 인식론, 윤리학, 형이상학 및 미학이다. 각 분과의 특징을 간단히 살펴보면 철학이 어떤 학문이며 왜 기초학인지 알 수 있다.

논리학(형식논리학)은 철학과 다른 학문의 예비학이므로 가장 근본적인 기초학에 해당한다. 논리학의 구성 요소는 개념, 판단 그리고 추리다. 논리학(logic)의 어원은 그리스어의 로고스(logos)로, 로고스의 뜻은 이성, 법칙, 명제 등이다. 논리학은 사고된 표현의 질서와 규칙을 연구한다. 물론 직관적 앎은 논리학과 상관없다. 논리는 연역적 논리와 귀납적 논리로 크게 구분되는데, 이 두 가지는 연역추리 및 귀납추리에 대응한다. 연역추리는 이성적 추리임에 비해 귀납추리는 경험적 추리다.

논리학의 세 가지 원리는 동일률(A는 A이다), 배중률(A는 A이거나, A가 아니다) 그리고 모순율(A는 A이면서 동시에 A가 아닌 것일 수 없다)이다. 논리학은 표현과 사고(명제)가 논리적 법칙과 질서를 지킬 때 참다운 추리를 통해 올바른 지식에 도달할 수 있다는 사실을 제시해준다.

그러므로 사고의 형식적 법칙과 질서를 어기면 오류를 범하게 된다. 심할 경우 궤변에 빠지게 되어 의미를 전달할 수 없고, 의사소통이 불가능한 상태에 처하게 된다.

인식론은 앎의 문제를 탐구한다. 앎이 무엇이고, 앎의 능력은 어떤 것이며, 앎의 한계는 어떤 것인지, 그리고 보편타당한 앎은 가능한지 등을 연구하는 것이 인식론의 과제다. 철학의 역사를 더듬어보면 형이상학이나 윤리학이 앞서고, 그 뒤를 이어서 발달한 것이 인식론이다.

특히 유가철학이나 도가철학을 보면 형이상학과 윤리학이 발달했고 인식론은 매우 약하다. 서양의 17세기를 일컬어 인식론의 시대라고 할 만큼 근대에 이르러 인식론이 폭발적으로 발달했고, 인식론의 발달과 맞물려서 자연과학도 눈부시게 발달할 수 있었다.

"칸트(Immanuel Kant)는 17세기 영국 경험론과 대륙의 합리론을 종합한 거대한 호수와 같은 철학자야. 칸트는 『논리학(*Logik*)』에서 철학적 물음을 크게 네 가지로 요약했어. 칸트의 근본 물음은 세 가지이고 마지막 네 번째 물음은 앞의 세 가지 물음을 종합한 것으로서 칸트 철학의 궁극적인 핵심 내용을 암시해.

칸트의 네 가지 철학적 물음은 다음과 같아.

① 우리는 무엇을 알 수 있는가(Was Können wir wissen)?
② 우리는 무엇을 행해야만 하는가(Was sollen wir tun)?

③ 우리는 무엇을 원해도 좋은가(Was dürfen wir wünschen)?

④ 인간은 무엇인가(Was ist der Mensch)?

첫 번째 물음을 밝히기 위해 칸트는 『순수이성비판(*Kritik der reinen Vernunft*)』을 썼어. 여기에서 칸트는 앎의 능력, 인식 능력의 한계, 인식 능력의 종류 등을 상세히 논하고 있어. 두 번째 물음에 대한 답은 『실천이성비판(*Kritik der praktischen Vernunft*)』에 있지. 이 책에서 칸트는 의무, 자유, 도덕 법칙 등 윤리학의 기본적 내용을 다루었어. 세 번째 물음은 『판단력 비판(*Kritik der Urteilskraft*)』에서 해명되지. 이 책의 내용은 미학과 형이상학이야. 칸트는 미적 판단을 살피면서 아름다움의 성격을 밝히려고 했어. 더 나아가 그는 인간과 세계의 존재 근거가 무엇인지도 밝히려고 했고. 이 세 가지 물음에 대해 답한다면 칸트는 인간의 의미 역시 충분히 밝혀지리라고 믿었던 거야."

오늘날 우리가 형이상학이라고 부르는 철학의 분과는 존재하는 사물이나 사태 그리고 그것의 존재 원인이나 근거를 체계적으로 연구한다. 기원전 1세기에 안드로니코스(Andronikos)가 아리스토텔레스의 『자연학(*Physika*)』을 정리한 후 존재자 자체를 다루는 책을 편집하고 그것의 제목을 '자연학 다음의 것(ta meta ta physika)'이라고 지은 것이 오늘날 우리가 접하는 『형이상학(*Metaphysika*)』이다.

형이상학(形而上學)이라는 한자는 『주역(周易)』 마지막에 공자가 간단한 해설을 덧붙였는데 그곳에 '도형이상자야 기형이하자야(道形而上者也 器形而下者也)'라는 표현이 있고, 현대에 들어와서 '형이상자(形而上者)'로부터 일본학자들이 형이상학이라는 단어를 만들어서 'ta meta ta physika'에 대응하는 것으로 사용하기 시작했다.

윤리학은 도덕철학으로서 인간의 실천적 행위의 규범, 원리, 규칙 등을 연구하는 철학의 분과다. 윤리학에서는 인간의 자유의지와 사회의 규범이 핵심 연구 대상이다. 미학은 아름다움을 논하는 철학의 한 분과다. 아름다움은 자연미와 예술미로 구분된다. 미학은 자연미와 예술미를 모두 다루지만, 예술철학은 예술미만을 대상으로 삼는다.

이제 철학이 왜 기초학인지 알 수 있다. 개별 학문은 철학을 바탕으로 살아야만 존재 이유를 확실하게 밝히고 미래 지향적 방향을 설정할 수 있기 때문이다. 예컨대 역사학의 기초학은 역사철학이다. 역사학은 역사적 사실을 연구하고 체계적으로 해명한다. 그런데 역사철학은 역사가 성립할 수 있는 원리를 연구할 뿐만 아니라 역사 전체의 의미와 가치를 연구한다.

여유와 느림의 철학적 사고를 철저하게 행해야 우리는 창조적 문화의 주춧돌을 견고하게 쌓을 수 있다.

지식의 합리적 체계,
학문

"자신의 얼굴에 책임을 져야 한다"는 말이 있다. 신체의 어떤 부분보다 얼굴이야말로 한 인간의 이력서라고 할 수 있다. 오랜 세월 특정한 일에 신경을 쏟으며 일하다 보면 얼굴의 미세한 근육이 일정한 형태로 발달한다. 따라서 어떤 직업에 종사하고 어떤 생각과 감정에 몰두하느냐에 따라 얼굴 생김새가 달라질 수밖에 없다.

그런데 성형수술을 해서 갑자기 얼굴 미인이 된 여성이 스스로 자신의 얼굴을 자랑스럽게 생각하고 자신의 얼굴에 충분히 책임질 수 있다고 장담한다.

"우리나라는 정말 성형 천국이야. 여기저기 둘러보면 성형하지 않은 사람이 과연 남아 있기는 한 것인지 찾아볼 수가 없어. 모두들 더 가치 있고 아름다운 것을 알고 배우기 위해 성형수술에 과감히 몸을 맡기는 것일까?”

“젊은이들이 주로 찾는다는 번화가에서 친구와 커피를 마시는데, 커다란 창밖으로 지나가는 사람들을 무심히 바라보다가 친구가 씁쓸하게 이야기하대. 지나가는 아가씨들이 일류 미인이긴 한데 누가 누구인지 도저히 구분할 수 없다고 말하면서 웃더라고. 왜 아가씨들을 구분하지 못하느냐니까 하나같이 얼굴을 수술해서 예쁘기는 한데 모두 비슷비슷해서 정말 헷갈리고 구분이 안 간다고 하대.”

그 아가씨들은 무엇을, 어떻게, 왜 알고 배웠기에 얼굴을 성형했을까?

어떤 사람은 한국인의 정신 자세를 싸잡아서 비슷비슷하게 성형한 사람들과 다를 것이 없다고 비난하기도 했다.

“비판 정신이 없으면 미래에 대한 계획도 있을 수 없어. 우리나라 사람들의 정신 상태를 들여다 보면 도저히 이해할 수 없는 측면이 있어. 정말 희한해.

다름이 아니라 종교야. 고구려 소수림왕 2년(372년)에 불교가 중국에서 들어온 후 삼국시대로부터 고려까지는 한반도의 종교는 불교였어. 거기까지는 별문제가 없어. 물론, 불교 이전의 원시 종교는 무당이 굿판을 벌리는 샤머니즘이었지. 그런데 이성계가 명나라의 도움을 받아 조선을 세우고 유교를 받아들이면서 백성들에게 강요하니까 불교는 모두 깊은 산속으로 도망가고 나라의 종교는 유교가 되고 말았어. 일반적으로 종교는 한 민족이나 나라의 정신적 뿌리인데, 불교라는 뿌리를 유교라는 뿌리로 확 바꿔버린 거야.

그런데 21세기인 지금 높은 빌딩이나 언덕에 올라가서 밤경치를 내려다보면 붉은 십자가가 눈에 띄지 않는 곳이 없어. 사실이 그런지, 겉으로 보기에만 그런지는 몰라도 현재 우리나라의 국교는 기독교인 것 같아. 석가 탄신일보다 예수 탄생일인 크리스마스가 훨씬 더 축복받은 날인 것마냥 들썩이고. 가까운 나라 일본은 기독교 신자가 인구의 1퍼센트도 안 된다고 해. 중국이나 태국에도 기독교 신자들이 별로 없는 것 같아."

"나 역시 그 점을 오랫동안 이상하게 여겼어. 어떻게 보면 줏대가 없는 것 같기도 하고 또 솔직히 말하자면 주체성이 없는 것 아니야? 그럴 만한 이유가 있어. 바로 지정학적 조건이 우리를 그렇게 만든 거야.

주변을 자세히 살펴봐! 보통 때는 미국인, 중국인 또는 일본인을 욕하다가도 막상 그들을 만나면 영어나 일본어 한마디라도 해서 그들의 환심을 사려고 애쓰는 것이 우리나라 사람들의 기질이야. 강자 앞에서 살아남으려고 꼬리치며 아부하는 거지."

"그렇게 부정적으로만 볼 것은 아니야. 지정학적으로 우리나라는 매우 불리한 입장에 놓인 것이 사실이지. 긴 역사를 통해 중국이나 일본에 먹히지 않기 위해 어떻게든 자구책을 찾지 않을 수 없었어. 불교, 유교, 기독교와 같은 종교는 말하자면 살아남기 위한 보호색이고, 우리의 주체성은 어디까지나 우리의 내면 깊숙한 곳에 똬리를 틀고 있는 샤머니즘이야."

일찍이 플라톤은 추측과 신념을 타파하고 참다운 인식에 도달해야 한다고 주장했다. 경험론 철학의 아버지인 베이컨(Francis Bacon)은 네 가지 우상, 곧 종족의 우상, 동굴의 우상, 시장의 우상, 극장의 우상을 파괴해야만 참다운 지식을 얻을 수 있다고 역설했다.

플라톤과 베이컨은 왜 참다운 앎을 얻어야 한다고 주장한 것일까? 우리는 왜 배우고, 무엇을 배우는가? 왜 사물이나 사태에 대해 알려고 하는가? 그것도 아무것이 아니라 왜 참다운 것을 알려고 하는가?

"대부분의 사람들은 별생각 없이 습관적으로 일상이라는 쳇바퀴를 돌리고 있어. 일상성의 특징은 호기심, 지껄임, 반복, 지나침 등이야.

그러나 의심이 싹트기 시작하면 일상성의 굳은 껍질이 깨지기 시작해. 니체(Friedrich Nietzsche)는 낙타와 사자의 단계를 거쳐서 아이의 단계에 다다르면 긍정적이고 참다운 인간인 초인(超人)이 된다고 했어. 구체적으로 자기결단을 내릴 수 있는 인간이란 주체적 인간이면서 니체가 말한 아이처럼 자유롭게 결단하는 창조적인 존재야."

플라톤은 『국가론(*Poliiteià*)』 제6권 마지막 부분의 '동굴의 비유'에서 앎의 단계를 네 가지로 구분했다. 바로 추측(eikasia), 신념(pistis), 수학적 앎(dianoia), 순수지식(noesis)이다. 플라톤은 추측과 신념은 일상적인 지식으로서 참답지 않은 독사(doxa)로 보았고, 수학적 앎과 순수지식을 에피스테메(episteme)라고 했다.

플라톤은 왜 순수지식을 추구하는가? 결론적으로 말하면 혼란스럽고 거짓된 앎에서 벗어나 불변하는 순수한 앎을 얻어 행복해지기 위해서라고 할 수 있다.

베이컨은『노붐 오르가논(*Novum Organon*)』에서 세계를 참답고 객관적으로 알기 위해서는 일상적인 편견에서 해방되지 않으면 안 된다고 역설했다. 베이컨은 네 가지 편견을 네 가지 우상(idola)이라고 했는데, 그것은 다음과 같다.

- **종족의 우상**(idola tribus) 인간은 인간의 관점에서 모든 사태를 고찰하고 평가하려는 편견에 사로잡혀 있다. 예컨대 큰 나무가 번개에 맞아 쓰러지면 나무가 몹시 아프리라고 생각하는 것이 이에 속한다.
- **동굴의 우상**(idola specus) 일상생활에서 인간은 개인의 주관적 입장에서 사태를 평가하는 편견을 지니고 있다. 예컨대 아침 식사 후 늘 커피를 마시는 사람은 다른 나라 사람들도 모두 아침 식사 후에 당연히 커피를 마신다고 생각하기 쉽다.
- **시장의 우상**(idola fori) 언어를 제대로 사용하지 못해서 생기는 편견이 있다. 예컨대 성명철학이나 관상철학과 같이 철학과 전혀 상관없는 말을 연결시키면 철학에 대한 편견을 가지게 된다.
- **극장의 우상**(idola theatri) 전해 내려오는 견해에 사로잡혀 헤어 나올 줄 모르는 편견이다. 예컨대 '남자는 하늘이고 여자는 땅이다' 또는 '남녀칠세부동석(男女七歲不同席)'과 같은 견해에 갇혀 있다면 이는 극장의 우상을 대변한다.

정상적인 의식을 가지고 있는 사람이라면 누구나 할 것 없이 사물이나 사태를 알려고 한다. 그것도 참답게 말이다.

"보통 인간의 본능적인 욕망을 식욕, 성욕, 갈증 해소욕 등 세 가지로 보는데, 내가 생각하기에는 지식욕도 인간의 고유한 욕망인 것 같아. 인간은 문제에 부딪히면 일단 의심하고, 다음으로는 의심에서 벗어나서 문제 상황을 해결하려고 해. 그러려면 요구되는 것이 참다운 앎이지.

문제 상황을 해결하기 위해서는 무엇보다도 문제 상황에 대한 참다운 앎이 필요해. 그래서 문제 상황을 정확히 파악하고 질서 있게 정리함으로써 해결하는 거지."

우리는 무엇을 배우는가? 체계적 지식, 곧 학문을 배운다. 물론 고대 그리스에는 철학과 의학 두 가지 학문밖에 없었다. 철학은 모든 개념 학문의 기초학인 동시에 모든 개별 학문을 포함하고 있었다. 중세에는 철학 대신에 신학이 모든 개별 학문을 포함했고, 철학을 시녀로 부렸다. 그래서 "철학은 신학의 하녀다(Philosophia est ancilla theologiae)"라는 말까지 있었다. 개별 학문이 신학 내지 철학으로부터 떨어져 나오기 시작한 것은 16세기 말에 이르러서다.

우리는 서양의 개별 학문을 받아들이기 전에는 불교학이나 유교의 성리학 등을 학문으로 배웠다. 이것은 종합과학의 성격을 지니고 있고, 지금까지 개별 학문으로 분화하지 못하고 있다. 우리가 배우고 있는 학문은 엄밀히 말해서 서구적인 개별 학문이다.

"내가 보기에 우리가 학문을 배우는 이유는 크게 두 가지로 나눌 수 있어. 하나는 순수한 지적 욕망을 충족시키기 위한 배움이야. 그리고 다른 하나는 실용적인 배움이지.

만일 누군가가 주먹을 꽉 쥐고 이 안에 무엇이 있느냐고 묻는다면,

우리는 그 안에 무엇이 있는지 알고 싶어서 안달해. 그냥 순수하게 알고 싶은 거야. 그런가 하면 서울 강남 한복판에 노른자위 땅이 있다면, 사람들은 그 땅이 얼마나 넓은지, 아파트나 상가를 지어서 팔았을 때 얼마나 이익이 남을지 곰곰이 따져. 이 경우 사람들이 법학이나 부동산학을 배운다면 그 배움은 생활에서 이익을 얻기 위한 실용적인 배움이야. 하기야 순수한 배움과 실용적인 배움은 항상 긴밀하게 엮여 있게 마련이지.”

우리는 학문을 배운다. 학문은 지식의 합리적인 체계다. 구체적이고 직접적인 체험 현실로서의 사물이나 사태는 매우 복잡하며 이해하기 힘들다. 예컨대 어떤 사람을 설악산에 데려다 놓고 2~3일간 헤매게 한 후 설악산에 관해 상세히 설명하라고 하면 그는 극히 단편적인 지식만을 쏟아놓을 것이다.

그러나 현실을 이론적으로 체계화해서 추상화하면 현실에 대한 학문으로 만들 수 있다. 예컨대 설악산에 대한 지도와 지질학 책과 역사책 등을 두루 읽어 빠삭해진 후 설악산에 가면 “아하, 설악산이 바로 요렇고 요렇구나!”라고 감탄하면서 설악산의 현실을 더욱 쉽게 전체적으로 파악할 수 있을 것이다.

우리는 현실의 사물이나 사태를 이론적으로 체계화함으로써 현실과 이론을 알고 배우며, 나아가서 현실과 이론을 분석하고 비판함으로써 현실과 이론에 미래 지향적인 방향을 제시한다. 현실에 관한 지식(이론)의 체계가 학문이며, 학문은 인문과학(문화과학이나 정신과학 또는 역사과학), 자연과학, 사회과학, 종합과학 등으로 구분된다.

인문과학에는 역사학, 철학, 언어학, 문학, 교육학, 신학 등이, 자연과학에는 화학, 물리학, 생물학, 천문학 등이, 사회과학에는 정치학, 경제학, 법학, 행정학, 경영학 등이 속한다. 종합과학은 가장 최근에 발달한 학문으로서, 여기에는 각종 공학(건축공학, 전자공학, 항공공학, 생명공학 등)이 속한다.

인간은 참답게 알고 배움으로써 순수한 지식욕을 충족시키고, 한층 더 나아가서 성숙한 주체적 인간이 되고자 한다. 인간은 참다운 앎과 배움을 통해 열린사회로서의 공동체를 구성할 수 있다고 믿는다. 우리는 앎과 배움을 통해 인간 삶의 이념들(이상적인 관념들)인 자유, 평등, 휴머니즘 및 행복을 실현시킬 수 있다고 확신한다.

새로운 질서와
원리를 배운다

경제적으로 21세기 사회를 일컬어서 후기 자본주의 사회라고 부른다. 근대 자본주의의 특징은 생산 관계에서 드러나는데, 생산 관계의 중요한 요소는 자본, 생산 수단, 노동의 세 가지였다. 그러나 후기 자본주의 사회에서 생산 관계의 요소들로는 자본, 생산 수단, 노동 이외에도 기술과 아이디어를 꼽을 수 있다. 생산 수단과 기술은 무엇보다도 현대 자연과학의 눈부신 발달을 바탕으로 한다.

현대 자연과학의 시발점은 지금부터 기껏해야 300년밖에 안 된다. 예컨대 물리학의 시초는 뉴턴(Isaac Newton)의 『프린키피아(*Principia*)』가 출판된 1687년으로 보는 것이 일반적인 견해다. 자연과학은 어느 때보다도 20세기 초반에 눈부시게 발달했다. 제1차 세계대전(1914~1918)과 제2차 세계대전(1939~1945)은 엄청난 인명을 살상했을 뿐만 아니라 도시와 자연을 황폐하게 만들었다. 그러나 역설적으로 전쟁에 참여한 나라들은 무기공학을 비롯한 항공공학, 생물학, 생화학, 의학 등의 분야에서 획기적으로 발달했다. 이러한 자연과학의 발달은 21세기 후기 자본주의 사회에의 자본과 권력 축적에 있어서 가장 중요한 기초가 되었다.

"얼마 전부터인가 사람들이 물질만능주의에 물들어 있는 것이 사실이야. 예컨대 어느 나라가 강하고 돈이 많은지 결정하는 요인은 간단히 말해 자연과학이야. 물리학, 화학, 생물학 등 기초 자연과학이 탄탄하고 그 위에 정보공학, 의생명공학, 우주항공공학, 전자공학, 조선공학 등이 고도로 발달했다면, 그 나라는 당연히 강하고 부유할 수밖에 없어.

그런데 로마는 하루아침에 이루어지지 않았다는 말처럼 자연과학의 발달은 물론이고 인문과학이나 사회과학 그리고 종합과학(응용과학)의 발달 역시 짧은 시간에 뚝딱 이루어진 것이 아니야.

공자나 플라톤의 사상 내지 학문은 오늘날의 학문과는 판이하게 달라. 그들의 사상은 아직 학문이라고 할 수 없어. 종합적이자 원시적이며 신비적이고 실천적인 특징이 강했기 때문이야. 플라톤 철학은 물론이고 중세의 신학을 비롯해서 불교철학이나 유학(儒學)은 오늘날 우리가 생각하는 개별 학문과는 그 성격이 아주 달라. 이러한 것들은 복합적이자 종합적이야.

플라톤 철학은 정치학, 경제학, 교육학, 법학 등을 모두 포함하고 있어. 서양 중세의 신학 역시 인문과학, 자연과학, 사회과학 등을 아우르지. 그래서 신부는 정치학, 법학, 교육학, 수학, 물리학 등을 공부하고 사회의 다양한 분야에 두루 관여했어.

　우리나라를 보아도 고려 때 승려는 정치, 경제, 교육, 자연과학 등을 전부 다루었고, 조선의 선비들 역시 여러 개별 학문에 정통하지 않으면 안 되었어. 그러니까 플라톤 철학을 비롯해서 서양 중세의 기독신학, 고려시대의 불교철학 그리고 조선시대의 성리학 등은 학문적 이론이긴 해도 윤리적, 신비적, 실천적이고, 복합적이자 종합적인 특징이 강했기 때문에 학문의 시발점을 장식한다고 말할 수 있어.”

　학문의 시초는 ‘논리적 단순성’에 대한 요구다. 물론 아기들은 사물이나 사태를 본능적으로 파악하지만, 지능이 성숙하면 인간은 사물이나 사태에 대한 논리적 단순성을 요구한다. 예컨대, 오렌지 상자를 상점에서 보았을 때 우리는 상자 안에 오렌지가 몇 개 들어 있는지, 그리고 오렌지 전체의 무게가 얼마나 나가는지 알고 싶어 한다. 우선 순수한 앎의 욕구를 충족시키고, 다음으로는 사물이나 사태(오렌지 한 상자)를 옳게 앎으로써 지식을 실생활에 유용하게 써먹으려고 하기 때문이다. 그래서 “오렌지 한 상자 안에는 오렌지가 12개 들어 있고 전체 무게는 3킬로그램이니까 이 정도는 내가 손으로 들고 갈 수 있겠어”라고 추리한다.

　다시 설악산을 예로 들어보자. 설악산을 더 잘 알기 위해서는 두 가지 방법이 있을 것이다. 한 가지는 설악산을 실제로 직접 아는 것이다. 그러려면 설악산 근처에 살면서 자주 설악산을 찾거나, 아니면 멀리 떨어져 있어도 수년간에 걸쳐 설악산 여기저기를 직접 돌아다니면서 살피지 않으면 안 된다. 그래도 설악산을 부분적, 피상적으로밖에 알지 못한다. 다른 한 가지는 설악산에 대해 이론적으로, 곧 학문적으로 접근하는 방법이다. 여행 가이드, 지리학, 지질학, 경제, 관광 등 설악산에 관한 여러 가지 소개서나 연구서 등과 아울러 지도를 상세히 살피고 공부한다면 설악산을 전체적으로, 그리고 포괄적으로 파악하게 된다.

현실의 설악산 자체는 구체적이고 복잡하다. 설악산에 대해 누구보다도 잘 안다고 자랑하는 사람에게 추상적이면서도 아주 간단한 질문을 던지면, 그 답은 의외로 기대에 훨씬 못 미치는 경우가 많다. 설악산을 잘 안다고 자랑하는 대부분의 사람들은 설악산 등산 코스에 대해서만 잘 아는 경우가 많다. 설악산의 식물 분포나 지층 구조 그리고 조류를 비롯해서 곤충의 종류와 포유류의 분포 등에 관해 전문가들에게 물으면 구체적으로 복잡하게 설명하지만 대개는 각자 주관적으로, 적당히 답할 것이다. 그러나 설악산에 서식하고 있는 식물이나 동물의 도감을 보고 지리학 및 지질학 책 등을 볼 경우 설악산을 전체적, 포괄적으로 알게 된다.

설악산이라는 현실적인 대상은 구체적이고 복잡하지만, 설악산에 관한 이론(또는 학문)은 추상적이고 단순하다. 따라서 우리가 현실의 사물이나 사태를 이론적으로 파악하기 위해서 구성하는 학문은 사물이나 사태에 관해 논리적 단순성을 얻으려는 목적을 지닌다.

예컨대 다양한 이론(학문)에 의해 설악산에 관한 논리적 단순성을 획득하면 이전과는 전혀 다른 종류의 지식을 소유하게 된다. 물론 설악산에 관한 직접적인 경험도 어느 정도 질서를 갖추고 있으며 동시에 지성적 해석의 형식을 갖추고 있다.

소위 설악산 등산 전문가를 자처하는 사람은 자기 나름대로 질서 있고 체계적으로 설악산을 설명한다. 그러나 그의 지식은 이론적 학문이 아니고 어디까지나 주관적 경험에 의존하기 때문에 일상성에서 벗어나지 못한다.

"하기야 아예 설악산에 살면서 40~50년간 설악산의 구석구석을 환히 알고 동식물, 지질, 기후 등에 관심을 가지고 연구한 사람이 있다면 비록 설악산에 대한 지식이 경험에 의존한다고 해도 웬만한 체계적 지식을 능가할 거야. 그러나 그런 사람은 거의 없어.

어떤 사물이나 사태를 이론적 학문에 의해 파악한다는 것은 도대체 무엇을 뜻할까? 일상적으로 우리는 사물이나 사태를 직접적인 경험에 의해 파악하지. 그렇지만 대상이 복잡해지기 시작하면 복잡한 사물이나 사태를 파악하기 위해 학문의 힘을 빌리지 않을 수 없어.

학문은 이전과는 다른 새 질서의 원리와 새로운 지성적 해석의 형식을 가지고 대상을 파악하는 거야. 그런데 옛날 어른들이나 요새 여기저기 얼굴을 내미는 대학 교수들 중 어떤 사람은 학문을 도 닦는 수단으로 여기고 있어. 그것이 아니라면 유명한 성인이나 철학자들의 이론을 달달 암기하고 그것을 그대로 제자들이나 일상인들에게 가르치는 것을 참다운 학문이라고 굳게 믿고 있지.

소위 동양철학 분야에서 꽤 알려진 어느 대학 교수가 기공과 단전호흡의 고수가 되면 공중부양도 가능하다고 역설하는 것을 직접 들은 일이 있어. 또 코미디언인지 공인인지 정체를 알 수 없는 어떤 남자는 자신이 공중부양을 한다면서 어설프게 사람들을 웃기곤 했지.

그런가 하면 점쟁이들은 일상인과는 달리 초월적인 힘을 가지고 있다고 스스로 확신하면서 사람들의 길흉화복을 미리 점쳐주지. 우리 주변의 수많은 도사들은 도 닦는 것을 일컬어서 학문이라고 부르기도 하

고 철학이라고 부르기도 해. 점쟁이들은 자기들의 영업 장소에 '동양
철학관'이니 '성명철학원'과 같은 간판을 내걸고 스스로를 초월적 힘을
지닌 진정한 철학자라고 믿어."

학문이란 초월적 힘을 가지고 사람들의 사주팔자를 꿰뚫어 보는 행
위도 아니고, 미래에 펼쳐질 사람들의 운명을 가르쳐주는 것도 아니
다. 또한 학문이란 도사가 되기 위해 도를 닦는 황당한 일도 아니다.
도사란 일상인들이 무장무애(無障無碍)하고 이상적이며 초월적인 인
간상을 동경해서 상상으로 만들어낸 허구일 뿐이다.

학문이란 옛날 성인이나 소위 유명한 학자가 한 말을 줄줄 외워대는
것이 아니다. 또 그런 말을 절대적인 신앙의 대상으로 여겨서 그 말을
믿고 남들에게 크게 읊어대는 행동 역시 학문일 수 없다.

"특히 철학 분야에서 보면 과거 철학자들의 사상을 종교적 신앙의
대상처럼 여기고 소중하게 섬기는 대학 교수들이 의외로 많아. 플라톤
을 전공한다는 사람은 누군가 플라톤 철학은 꽉 닫힌 철학이어서 열린
사상이 불가능하다고 주장하면, 그 주장과 아울러 그렇게 주장한 사람
까지도 악마로 여기고 지옥에 떨어지기를 바랄 정도야.

독일에서 하이데거(Martin Heidegger) 철학에 대해 논문을 쓴 어떤
시간 강사는 하이데거야말로 가장 위대한 철학자라고 확신하고 있어.
그에게 하이데거가 절대적인 존재라면 당신은 무엇이냐고 물었더니,
자신은 하이데거의 대변인에 불과하다고 굳은 신념을 가지고 말해. 그
러나 내가 보기에 이 시간 강사는 하이데거 철학의 낡은 녹음기에 불
과해."

학문의 목표는 사물이나 사태에 관한 논리적 단순성이라고 했다. 그런데 대상(사물이나 사태)을 직접 만나보면 대상은 구체적이며 복잡하다. 그러나 우리의 지성은 대상을 논리적으로 단순하게 파악하려 한다. 그러므로 대상의 논리적 단순성에 대한 요구야말로 학문의 시발점이라고 할 수 있다. 고대 그리스의 피타고라스학파는 수(數)를 우주 만물의 원질(原質, arche)로 보았다. 피타고라스학파가 주장하는 수는 오늘날 우리가 생각하는 단순한 관념으로서의 수가 아니라 우주 만물을 형성하는 가장 근원적인 요소였다. 예컨대 미인은 구체적이고 복잡하지만 미인을 구성하는 가장 근원적인 요소는 8이라는 조화로운 수인 것이다. 또 피라미드라는 구체적이고 복잡한 대상을 구성하는 기본 요소는 3이라는 안정적인 수다.

초등학교, 중고등학교 그리고 대학에서 배우는 것은 모두 학문이다. 우리는 학문을 통해 사태의 논리적 단순성을 획득한다. 사태의 논리적 단순성은 우리에게 진리를 제시해 줌으로써 순수한 지적 욕망뿐만 아니라 실용적 욕구도 충족시켜 준다. 인간은 지적 욕구를 충족시키면서 정서(감정)의 영역과 의지의 영역을 발전시킴으로써 철학(학문), 예술, 도덕 및 종교가 구성하는 문화를 창조하고 전개한다.

학문의 분류,
자연과학과 인문과학

학문 방법론의 첫 주자는 프랑스의 실증주의 철학자 콩트 (Auguste Comte)다. 콩트는 실증적 단계의 학문이 가장 발달한 것이고 그것의 방법론을 실증적 방법이라고 했다. 17세기는 인식론의 시대로 일컬어지며, 베이컨은 "아는 것이 힘이다"라고 했다. 2세기부터 14세기까지는 소위 '암흑시대(dark age)'이므로 인식론과 아울러 자연과학의 발달은 지지부진했다.

"서양의 중세시대에 학문이라고 하면 신학이 종합적 학문을 대변했어. '철학은 신학의 하녀다'라는 말로 알 수 있듯이 신학이 바로 참다운 학문 그 자체였지. 그런데 13세기 아퀴나스(Thomas Aquinas)가 현실의 자연은 철학이, 그리고 초월적인 영역은 신학이 탐구해야 한다고 제안했어. 그리고 14세기 스코투스(Duns Scotus)와 윌리엄 오캄 (William of Ockham)이라는 두 신부가 아퀴나스의 철학과 신학의 구 분을 더 명확하게 만들었어.

15~16세기 르네상스시대에 쿠사누스(Nicolaus Cusanus), 브루노 (Giordano Bruno), 파라켈수스(Paracelsus) 등은 종래의 신 중심 신 학을 해체하면서 자연과 영혼과 신을 하나로 보는 범신론적 견해를 표 명했어. 이들 세 사람은 중세의 암흑시대에서 벗어나서 종합적 성격을 가진 철학을 제시했어. 17세기에 들어서면서 서양 철학은 영국 경험론 과 대륙 합리론으로 양분되었지만, 두 경향 모두 인간과 자연을 인식 론적 입장에서 탐구했지.

보일(Robert Boyle)은 1600년대에 『회의적 화학자(*The Skeptical Chemist*)』를 발표했고 뉴턴은 1687년에 『프린키피아』를 출판했어. 이 것이 화학과 물리학의 시초야. 물리학과 화학이 철학에서 빠져나온 이 후, 여러 자연과학과 인문과학이 철학으로부터 독립하게 되었어. 가장 마지막에 빠져나온 것이 사회과학이야. 그리고 20세기에 들어와서는 건축공학이니 의생명공학, 정보통신공학, 항공공학 등 응용과학 내지 종합과학이 등장했지."

"이번에는 좀 다른 이야기를 할까? 학문도 세태를 반영하는 것 같 아. 순수한 지식욕 충족은 학문에서 거의 사라진 것 같아. 특히 우리나 라의 상황을 보면 말이야. 요새는 유치원 때부터 영어를 배운다고 난리 야. 초등학생부터 고등학생까지 너나 할 것 없이 영어, 수학, 국어에 목 숨을 걸다시피 해. 대학생들도 좋은 학점을 따려고 발버둥치고 있어.

좀 심하게 말하면 학문을 배우는 것이 아니고 출세하기 위한 수단을 소유하려고 버둥거리는 것 같아. 유치원이나 초등학교 때부터 부모들은 아이들에게 '일류 대학에 들어가려면 영어, 수학, 국어를 남보다 특별하게 잘해야 한다'라고 염불을 외워대는데, 사실 우리의 사회 현실이 그렇긴 해."

"개인은 물론이고 사회가 건전하지 못하고 병든 것이 사실이야. 인간 평등사상이 투철하다면 사설 학원을 모두 없애고 어릴 때부터 영어, 수학, 국어 중심의 교육을 지양할 수 있어. 그러기 위해서는 각성과 비판 의식이 필수적이지. 게다가 엄청난 노력과 시간이 필요해.

영어, 수학, 국어를 잘하는 학생들이 일류 대학에 들어가고 유학 갔다 와서 대학 교수나 정부 관리 또는 대기업의 임원이 되는 경우가 많아. 영어, 수학, 국어를 잘해서 일류 대학 나오고 의사, 판검사, 변호사가 된 사람도 허다해. 농담 삼아 말하자면 국영수 교수, 판검사, 의사, 회사 임원, 정부 관리라고 부를 수도 있겠네.

학문을 학문답게 철저히 배운 후 사회에 나가서 취직할 때는 이론을 바탕에 깔고 실용적인 것을 다시 배우는 것이 제대로 된 순서라고 봐."

우리가 학문다운 학문, 곧 이론으로서의 학문을 배우기 위해서는 학문의 본질과 분류를 알아야 하며, 그러려면 학문의 방법론에 대한 기초 지식이 반드시 필요하다. 콩트는 실증주의 방법론을 기초로 모든 학문을 분류하려 했다. 그런가 하면 신칸트학파에 속하는 나토르프(Paul Gerhard Natorp), 코헨(Hermann Cohen), 리케르트(Heinrich Rickert), 빈델반트(Wilhelm Windelband) 등은 역사적 방법론을 바탕으로 학문을 자연과학과 문화과학 두 가지로 분류했다.

현대에 들어와서 딜타이(Wilhelm Dilthey)의 해석학(解釋學)의 영향을 이어받은 가다머(Hans-Georg Gadamer)는 해석학적 방법에 의해 학문을 자연과학과 정신과학으로 양립시키려 했다.

"실증주의적 방법을 학문의 방법론으로 구체적으로 처음 제시한 인물은 프랑스 실증주의 철학자 콩트야. 콩트는 인간 의식의 발전 단계를 신학적 상태, 형이상학적 상태, 과학적 상태로 나누었어.

신학적 상태는 고대로부터 13세기까지로, 무사와 신부가 지배했어. 형이상학적 상태는 14세기에서 18세기까지로, 철학자와 법률가가 지배했지. 과학적 상태는 프랑스혁명(1789년) 이후의 단계이고 과학자와 산업가가 지배해. 이 세 단계는 각각 상상적 단계, 추상적 단계, 실증적 단계이기도 해. 콩트는 실증적 단계에서 성립하는 수학, 천문학, 물리학, 화학, 생물학, 사회학을 참다운 실증과학이라고 했어. 그중에서도 사회학이 가장 참다운 실증적 학문인 셈이지.

콩트는 실증주의적 방법론의 특징을 '현상은 단순할수록 더욱 일반적이다'라는 말로 표현하고 있어. 실증주의적 방법론은 오늘날 우리가 이해하는 자연과학적 방법론과 똑같아. 즉, 직접 경험을 통해 관찰하고 실험하며, 그것을 기초로 귀납적으로 추론하는 거야. 한 가지 더 첨가하자면 수학적 방법인 동의어 반복(同義語反復, tautology)도 자연과학적 방법론에 속해. 동의어 반복이란 '5＋7＝12'와 같이 주어와 술어가 똑같은 것을 가리키지.

콩트는 현상이 점점 복잡해지면 정확성이 점차로 감소한다고 생각하고 수학으로부터 사회학에 이르기까지의 학문을 분류했어. 이와 같은 분류는 앞에서 살펴본 역사적 과정과도 일치해. 수학은 모든 학문

의 기초야. 수학은 수와 기호로 표현하지만 그것을 말로 표현한 것이
바로 논리학이야. 보통 철학은 논리학을 기초로 삼기 때문에 논리학은
철학의 기초이며 철학은 다른 학문의 기초학이라고 말할 수 있지.”

“그러면 이번에는 콩트가 제시한 각 개별 학문의 방법론을 간략히
말해 볼게. 수학의 방법은 분석이야. 수학 중에서도 기하학과 역학은
모든 학문의 기초이며. 수학은 가장 단순하고 보편적이지. 수학 바로
다음에 전개되는 학문은 천문학이야. 천문학의 방법은 관찰인데, 여기
에서 주의할 점은 천문학은 수학을 기초로 삼고 관찰이라는 방법을 사
용한다는 것이지. 즉, 수학적 분석을 바탕에 깔고 관찰한다는 거야. 하
늘의 무수한 별과 은하계를 관찰할 때 수학적 계산과 기하학적 질서
및 체계를 기반으로 삼아야만 천문학이 실증과학일 수 있다는 말이지.
　천문학 바로 다음으로 복잡한 학문은 물리학이고, 이것의 방법은 실
험이야. 그다음은 화학이고, 화학의 방법은 비교와 검증이지. 화학보
다 더 복잡한 학문은 생물학인데, 생물학은 심리학을 포함해. 생물학
의 방법은 해부와 분화야.
　실증 단계에서 가장 윗자리에 있는 학문은 사회학이야. 그러니까 사
회학은 수학, 천문학, 물리학, 화학, 생물학 등의 모든 실증과학을 기
초로 삼고 포함해야만 가장 상위의 실증과학일 수 있어. 사회학은 사
회정학(社會靜學)과 사회동학(社會動學)으로 나뉘고. 사회정학은 사
회 구조 내지 사회 질서를 탐구해. 사회동학은 사회의 발전 과정을 탐
구하지.”
　콩트는 어디까지나 실증주의적 입장에서 학문을 논하므로, 그가 제
시하는 개별 학문(수학으로부터 사회학에 이르기까지)은 자연과학적이

다. 따라서 콩트의 학문 체계는 인과적이며 필연적이다. 그의 실증주의 방법은 바로 법칙 정립적 방법이다.

그런데 자연과학 내지 실증주의적 방법으로는 도저히 알 수 없고 정신적으로 이해하고 체험해야만 알 수 있는 대상이 있으니, 그 대표적인 예가 역사적 사건이다. 프랑스혁명이라든가 한글 창제와 같은 역사적 사건은 자연과학적 관찰이나 실험의 대상이 될 수 없다.

자연과학의 방법은 법칙 정립적이다. 예컨대 수소 원자 둘에 산소 원자 한 개를 합치면 언제나 물이 된다. 항상 인과적이며 필연적인 법칙을 정립하는 것이 바로 자연과학의 방법이다. 그러나 역사학자는 역사적 사건의 개성을 기술한다. 자연과학과 달리 인문과학의 방법은 개성 기술적이다. 예컨대 한글 창제나 프랑스혁명은 일정한 법칙의 산물이 아니다.

자연과학의 법칙은 반복해서 일어나며 사물이나 사태에 반복적으로 적용된다. 그러나 역사적 사건은 일회적이다. 프랑스혁명은 물론이고 한글 창제 역시 한 번밖에 없는 사건이다. 따라서 일회적 사건의 개성을 이해하고 기술하는 것이 바로 인문과학의 방법이다.

프랑스혁명이나 한글의 창제를 이해함으로써 우리는 그 사건에 의미와 가치를 부여한다. 그런가 하면 수소 원자 두 개와 산소 원자 한 개의 화학적 결합에 있어서 그 결합 사실을 법칙적으로 정립한다. 그러나 철학으로부터 가장 늦게 독립한 사회과학은 자연과학의 방법론을 그대로 따르지도 않고, 그렇다고 인문과학의 방법론을 답습하지도 않는다.

"사회에서 일어나는 수많은 사실은 직접적인 관찰의 대상이 되지 않아. 왜냐고? 사회적 사실은 너무 복잡하고 다양하기 때문이지. 사회적 사실을 체계적으로 탐구하는 사회학, 정치학, 법학, 경제학, 행정학, 경영학 등의 사회과학은 가장 늦게 철학에서 빠져나온 학문이고, 자연과학의 방법론과 인문과학의 방법론을 함께 채택해서 사용하고 있어. 또 최근의 전자공학, 의생명공학, 건축공학 등 종합과학 역시 자연과학과 인문과학의 방법론을 적절히 함께 채용하고 있는 것이 사실이야."

# 철학으로
세상을 이해하다

우리나라의 역사적 현실에 대해 염세주의적 관점을 피력하는 사람을 만난 적이 있었다.

"나를 보고 사람들은 지나치게 극단적으로 염세적이라고들 해. 우리 사회는 과거부터 현재까지 임기응변으로 위기 상황을 돌파해 왔어. 앞으로도 그렇겠지. 나는 그 이상도 그 이하도 우리 사회에서는 일어나지 않는다고 봐. 무슨 말이냐고? 우리 사회에는 앞으로 절망은 없겠지만, 그렇다고 큰 희망도 없다는 말이야.

특정한 민족이나 나라의 존립 근거는 여러 가지이지만, 가장 중요한 것은 정신적 요소이고 그중에서도 제일 중요한 것이 종교적 신앙이라고 확신해. 중동 국가를 보면 잘 알 수 있어. 중동 국가의 주민은 거의

다 이슬람교도야. 그러나 주민의 90퍼센트에 달하는 소위 정통 이슬람
교라고 하는 수니파 신도와 소수의 시아파 신도들 사이에 끊임없이 피
비린내나는 싸움이 벌어지고 있어.

역사적으로 보면 종교란 인간이 만든 문화의 한 요소인데, 자기들이
만들어놓고 그것을 절대적으로 믿으면서 다른 종교를 믿는 사람을 적
으로 여기고 정복해서 자신의 종교를 믿게 만들려는 의도는 분명히 지
배욕의 결과야. 그런데도 대부분의 민족이나 국가는 특정 종교를 자신
들의 가장 근원적인 존립 근거라고 확신하지.

그런데 우리나라는 여유를 가지고 잘 살펴봐야 해. 특히 우리 사회
구성원들의 심층 의식의 바탕인 종교를 구체적으로 철저히 관찰해 볼
필요가 있어. 우리나라는 순발력과 임기응변에 매우 강해. 지금 세계
경제에서 무시할 수 없을 만큼 수출 강국이 되어 있고, 다양한 문화의
측면에서도 어느 정도 큰소리를 칠 수 있는 것은 순발력과 임기응변
덕분이야.

우리 사회는 순발력과 임기응변을 기초로, 모방력도 매우 강해. 의
학이나 전자공학을 보면 잘 알 수 있지. 우리나라의 의학 수준은 세계
적이야. 특히 미용 성형 수술은 국외에도 널리 알려져 있을 정도야. 그
런데 해부학, 생리학, 신경학, 병리학 등 기초 의약 분야는 아주 약해.
그리고 고가의 의료 기기는 거의 수입품에 의존하고 있는 실정이지.

전자공학 분야야말로 세계적으로 유명해. 반도체는 물론이고 스마
트폰이나 텔레비전 등의 수출품은 세계 정상을 차지하고 있어. 그런데
사정을 알고 보면 전자 통신 제품의 핵심 부속품은 수입에 의존한대.
반도체는 만드는데, 반도체를 만드는 기계의 핵심 부속 역시 수입해야
한다는군.

　우리나라 사람들에게 창의력과 자발성 그리고 비판 정신이 부족하다는 것은 공연한 말이 아니야. 민족의 뿌리인 종교를 살펴보면 참으로 이해하기 힘든 정신적 측면을 엿볼 수 있거든."

　"내가 좀 끼어들게. 우리 사회는 어느 나라보다도 순발력과 적응 능력이 뛰어나. 또 임기응변에도 능하지. 물론 한없이 어리석고 무능했던 시기, 곧 일제 식민지 시기가 있었던 것은 엄연한 사실이야. 그런데 나는 일본을 몇 차례 구경하면서 전혀 상상할 수 없는 현실에 부딪혀서 당황할 수밖에 없었어. 일본의 기독교 신자 수는 전체 인구의 1퍼센트도 되지 않았어. 거의 모든 일본인들은 신사참배를 일종의 종교적 신앙으로 여기고 있는 거야. 신사참배는 간단히 말해서 조상 숭배와 샤머니즘과 불교의 종합이라고 볼 수 있어.

　바로 옆 나라인 우리나라는 어떻지? 밤에 높은 곳에서 내려다보면 사방에서 환히 빛나는 교회와 성당의 십자가를 볼 수 있어. 대부분의 사람들이 기독교 신자가 아닌가 하는 착각이 들 정도로 십자가들이 널려 있다고.

　불교가 들어오기 전까지 우리의 종교는 원시 자연 종교의 일종인 샤머니즘이었어. 고구려 소수림왕 2년에 중국에서 불교가 들어온 후 삼국시대와 고려 때까지 우리나라의 종교는 불교였어. 고려 때는 불교학으로 과거 시험까지 봤어. 고려 광종 때에는 승과(僧科)가 시행되었다고 해. 그러나 이성계가 명나라의 도움을 받아 조선을 세우고 명나라로부터 유교를 받아들였어. 이성계가 억불숭유책(抑佛崇儒策)을 쓰니 불교는 모두 도심으로부터 깊은 산속으로 도망가고 말았어. 조선 왕조 500년 동안 우리 사회의 윤리 도덕과 종교를 지배한 것은 유교였어.

　"그런데 조선 말기에 들어오면서부터 서양인 신부와 목사가 가톨릭과 신교를 전도하기 시작했어. 8·15 해방과 6·25 전쟁을 거치면서 기독교가 급속히, 그리고 널리 퍼지게 되었어. 21세기인 지금 우리 사회는 겉으로만 보면 완전히 기독교 국가야. 전국에 걸쳐서 교회마다 새벽 기도 소리가 크게 울려 퍼지는 나라는 지구상에서 아마도 우리나라가 유일할 거야."

　"우리 민족을 배알도 없고 줏대도 없는 초라한 민족으로 너무 몰아붙이지 말게나. 다 이유가 있거든. 우선 자원이 없어. 게다가 지정학적으로 중국과 일본 사이에 끼어 있어. 현재 남북이 분단되어 있는 것도 역시 가장 큰 이유는 지정학적 위치 때문일 거야.

　무엇보다도 우리의 종교를 옳게 알기 위해서는 종교사회학적 연구가 필요해. 우리나라에서 종교의 역사적 발전 과정을 연구하고 더 나아가서 종교의 구조와 본질을 연구하면 왜 우리의 종교 현실에 일관성이 없는지, 그리고 특이하게도 샤머니즘에서 불교로, 또 불교에서 유교로, 그리고 유교에서 기독교로 정신의 뿌리인 종교가 옮아갈 수밖에 없었는지도 밝혀질 거야."

　현재 학문을 인문과학, 자연과학, 사회과학 등 크게 세 가지로 구분한다. 그렇지만 더 정확히 말하자면 오늘날의 학문은 인문과학, 자연과학, 사회과학과 아울러 종합과학으로서의 공학으로 이루어진다. 공학과 함께 사회과학은 사회적 사실을 탐구 대상으로 삼는다. 앞에서 사회과학은 자연과학의 방법론(법칙 정립)과 인문과학의 방법론(개성 기술)을 함께 사용한다는 것을 살펴보았다.

사회적 사실은 직접 관찰되지 않고, 항상 변화하므로 균일성이 없으며, 반복되지 않고, 정해진 시기에 일어난 특정한 사회적 사실의 원인은 식별하기가 쉽지 않다. 그러므로 인구 밀도라든가 여성해방운동과 같은 사회적 사실은 인문과학의 방법론이나 자연과학의 방법론만으로는 만족스럽게 탐구될 수 없다.

빈곤은 높은 인구 증가율의 원인이 되기도 하고, 결과가 되기도 한다. 여성해방운동은 여성들에게 더 자유로운 경제적 기회를 제공하기도 하지만, 한편으로는 여성들이 자유롭게 경제 활동에 참여할 때 그 결과로 나타나기도 한다.

자연현상에 있어서 대개 원인은 결과가 산출되면 소멸되고 만다. 예컨대 수소 원자 두 개와 산소 원자 한 개가 화학적으로 결합하면 물이라는 결과가 생기고 수소 원자와 산소 원자는 사라진다. 그렇지만 사회 현상에서의 인과 관계는 성격이 다르다. 사회적 인과 관계에서 원인은 결과가 산출된다고 해서 소멸되는 것이 아니라 오히려 결과와 함께 지속된다. 더 나아가서 원인은 결과에 의해 변한 채 그대로 남아 있는 경우가 많다.

예를 들어 교육 체제가 효과적으로 짜이면 그 결과 사람들 사이에 긍정적이며 창조적인 교제가 열린다. 그런가 하면 사람들 사이의 창의적인 교제가 교육 체제를 한층 더 열린 체제로 변화시킨다.

"그래, 사회과학은 인문과학과 자연과학의 방법론을 함께 사용할 수밖에 없어. 그런가 하면 공학은 한층 더 복잡하고 최근에 발달한 종합 과학이야. 예컨대 토목공학의 대상이 되는 큰 다리를 한강에 새로 놓는다고 생각해 봐. 보통은 토목공학을 이공계 자연과학쯤으로 생각하고 있어.

그러나 한강에 큰 다리를 놓기 위해서는 경제적 비용, 물리학적 지식, 교통 문제, 사회적 가치, 미적 가치 등을 전부 고려해야 하기 때문에 토목공학은 종합과학이야.

우리 인간이 이렇게 학문을 탐구하는 이유는 대상을 알고 배우기 위한 거야. 그리고 학문의 궁극적인 목적은 행복한 삶을 실현하기 위해서라고 할 수 있어.

질서 있는 삶을 추구한다

배부른 돼지와
배고픈 소크라테스

매우 드물게, 정말 아주 가끔이기는 하지만, 나는 몸과 마음이 도시의 독기에 찌들었을 때 멀리 떨어진 한적한 어촌이나 깊은 산골 마을을 찾아 종일토록 정처 없이 걷다가 집으로 돌아온다. 하염없이 걸으면서 마르크스와 소크라테스의 생애와 사상을 비교하며 혼자 쿡쿡거리고 웃곤 한다.

마르크스의 아버지는 어떻게 보면 현실과 잘 타협한 인물이었다. 독일인들 사이에서 유태교 신자로 살아가자면 온갖 학대를 참아야만 했다. 그러나 표면적이긴 해도 마르크스의 아버지는 기독교로 개종했고, 변호사 시험을 통과하여 공증 업무를 보면서 가난을 면하고 독일인들과도 그럭저럭 큰 마찰 없이 지낼 수 있었다. 마르크스의 아버지는 마르크스도 자신과 같은 길을 걷기를 바랐기 때문에 마르크스가 어렸을 때 세례를 받게 했다.

그러나 마르크스는 아버지와는 생각이 전혀 달라서 과감히 독자적인 삶을 개척했다. 대학에 들어가기 전에 아버지가 한사코 반대하는 네 살 연상의 예니와 몰래 약혼했고, 시인이 되겠다는 꿈을 꾸었다. 법학을 공부해서 변호사가 되라는 아버지의 권고를 받아들이는 척하려 1년간 법학을 들었지만, 곧 철학에 관심을 가지고 고대 그리스의 데모크리토스와 에피쿠로스의 유물론 철학을 깊이 연구하기 시작했다.

마르크스가 대학에 다니던 중 철학 공부를 반대하던 아버지가 세상을 떠났다. 그는 「데모크리토스와 에피쿠로스의 자연철학의 차이(*über die Differenz der demokritischen und epikureishen Naturphilosophie*)」로 박사학위를 딴 후 예니와 결혼식을 올렸다. 마르크스의 주요 저술들은 모두 23~28세 사이에 작성되어 출판되었으며, 그의 정치경제철학에 커다란 영향을 미친 것은 영국 자본주의, 헤겔 철학 그리고 프랑스혁명이라고 할 수 있다.

그런데 마르크스의 심층 의식을 파헤쳐보면 재미있는 점을 발견할 수 있다. 우선 쉽게 현실과 타협하면서 타인을 배려하지 않고 혼자서 편하게 사회생활을 하려는 아버지에 대한 혐오감이 마르크스의 심층 의식에 짙게 자리 잡고 있다.

대학 시절 아버지의 죽음 이후 마르크스는 오랫동안 가난에 허덕여야 했다. 나이 쉰이 넘어서 친구 엥겔스(Friedrich Engels)가 런던으로 이주하여 생활비를 풍족하게 대주기 전까지 마르크스는 빈민 같은 생활을 면할 수 없었다. 베를린에서 왕정 체제를 붕괴해야 한다고 외치다가 파리로 추방당한 마르크스는 파리에서도 사회주의 운동을 벌였다. 그러나 파리에서 브뤼셀로 또다시 추방당한 마르크스는 끝내 런던으로 망명의 길을 떠나지 않을 수 없었다. 런던에서도 엥겔스가 보내주는 생활비로 연명하던 마르크스 일가는 끼니를 거를 때가 많았다. 어린 딸이 죽었을 때 예니는 관을 살 돈이 없어서 하염없이 울었다.

마르크스의 심층 의식에는 빈곤에 대한 적개심과 아울러 가진 자에 대한 원한이 쌓일 대로 쌓여 있었다. 영국 자본주의의 문제점, 헤겔의 변증법 철학 그리고 프랑스혁명의 자유, 평등, 박애 정신이 마르크스의 심층 의식에 있던 적개심이라는 불씨에 불을 붙였고, 이는 꺼질 줄 모르고 맹렬히 타올라 마르크스의 목숨을 건 투쟁 철학을 형성하기에 이르렀다.

어떻게 보면 청년 마르크스의 철학은 매우 단순하다. 그렇기 때문에 그의 정치경제철학은 굶주림으로 신음하는 무수한 사람에게 생명수와도 같은 영향력을 발휘했을 것이다. "미네르바의 올빼미는 황혼녘에 날개를 편다"는 말은 오랜 시간에 걸쳐서 비로소 지혜가 성숙한다는 뜻이다. 마르크스의 대부분의 중요한 저술은 23~28세 사이에 작성되었다. 마르크스가 쉰이 넘어 집필한 저술은 기껏해야 『자본론(*Das Kapital*)』과 『가치론(*Lohn, Preis und Profit*)』 정도다.

마르크스의 철학에서는 흄(David Hume)이나 칸트에게서 볼 수 있는 예리한 인식론을 찾을 수 없다. 마르크스의 변증법적 유물론에서는 헤겔이나 하이데거의 심원한 형이상학 또는 존재론의 특징을 찾을 수 없다. 또 마르크스의 평등사상에서 스피노자(Baruch de Spinoza)나 칸트에서 볼 수 있는 치밀한 윤리학(도덕철학)의 구성을 찾을 수 없다. 그런데 왜 그렇게 많은 사람들이 거의 1세기에 걸쳐서 마르크스의 공산주의 사상에 열광하고 마르크스를 신처럼 받들었을까? 그리고 구소

련과 동유럽 공산주의 국가는 왜 하루아침에 마르크스주의를 쓰레기처럼 던져버려야만 했는가?

마르크스는 가진 자(유산계급, 부르주아지)와 못 가진 자(무산계급, 프롤레타리아트)의 계급투쟁을 강조했다. 먹고살 만하거나 부유한 사람들은 별 관심이 없었지만, 빈곤층의 사람들에게 마르크스는 구세주임에 틀림없었다. 마르크스는 가진 자들이 잉여가치를 착취한다고 역설했다. 노동자는 뼈 빠지게 노동해서 상품을 생산하고 쥐꼬리만 한 노동 임금을 받지만, 가진 자는 상품을 시장에서 비싸게 판 후 노동자의 임금을 제외한 잉여가치를 고스란히 자기 몫으로 챙긴다. 가진 자는 끝없이 잉여가치를 착취해서 점점 더 배를 불리는 데 반해 못 가진 자는 착취당할수록 가난에 허덕이게 된다.

주인(가진 자)은 노동하지 않고 노예(못 가진 노동자)의 몫인 잉여가치를 착취하기 때문에 참다운 주체적 인간이 될 수 없다. 노예는 힘들게 일하고도 자기 몫을 챙기지 못하므로 역시 주체적 인간이 되지 못한다. 주인이나 노예나 모두 허위의식의 소유자에 지나지 않는다. 그러므로 스스로 일해서 생산하고 생산 결과를 자기 것으로 만드는 노동자 사회야말로 마르크스가 동경하는 과학적 사회주의를 구현한다.

결국 마르크스는 『공산당선언(*Manifest der Kommunistischen Partei*)』에서 노동자의 혁명을 부르짖게 되었다. 마르크스가 말하는 계급투쟁을 옳게 표현하자면 무산계급에 의한 유산계급의 붕괴이고, 따라서 모든 사회 구성원들이 노동자가 되어서 공동으로 생산하고 분배하는 사회를 실현하는 것이다.

마르크스의 평등사상은 가장 이상적이며 열정적인 휴머니즘의 실현처럼 보인다. 그렇기 때문에 그의 평등사상에는 현실에 대한 예리하고 치밀한 통찰이 결여되어 있다. 인간이 자신의 삶을 스스로 결단하며 어떻게 인격 주체가 될 수 있는가 하는 것은 마르크스의 목적이 아니었다.

소크라테스는 물질적 욕망 충족을 행복으로 보지 않았다. 마르크스는 유물론자였으므로 당연히 배불리 먹는 것을 행복의 기본적인 조건으로 보았다. 그러나 소크라테스는 많지는 않지만 유산을 물려받았고, 포티다이아, 델리온, 암피폴리스 등 대규모 전쟁에 직접 보병으로 참전하여 크세노폰과 알키비아데스의 목숨까지 구했다. 마르크스는 젊어서는 아버지에게, 그리고 대학 졸업 후부터 죽을 때까지는 친구 엥겔스로부터 경제적 지원을 받았다.

소크라테스 자신은 지혜롭게, 그리고 용기를 가지고 절제 있게 사는 삶을 정의롭고 가치 있는 삶이라고 확신했다. 소크라테스가 가장 이상적인 삶과 사회로 꼽은 것은 정의로운 인간 그리고 정의로운 국가다. 이러한 소크라테스의 생각은 나중에 플라톤의 대화편을 통해 플라톤의 정치철학 내지 윤리학으로 성숙했다.

사람도 동물이다. 먹고 마시고 성욕을 충족시켜야만 개체뿐만 아니라 종(種)으로서도 존속할 수 있다. 만일 인간이 3대 기본 욕망만 충족시킨다면 정신적 문화의 창조는 불가능할 것이다. 그런데 21세기에 들어와서 인간이 욕망의 기계로 전락하고 말았다고 한탄하는 사상가의 수가 급증했다.

"현대인은 원시인들보다 훨씬 더 욕망 충족, 그것도 물질적인 욕망 충족에 허덕이는 욕망의 기계로 타락해 버리고 말았어. 하이데거에 의하면, 현대에 들어와서는 인간 자신도 계량화의 대상이 되어버리고 만

거야. 더 이상 삶의 목적은 존재하지 않고, 모든 사물이나 사태는 전부 효용성을 제공하는 수단으로 되어버렸어. 그렇기 때문에 인간성 상실, 인간 소외, 허무주의 등을 현대인의 특징이라고 말하는 거지.

확실히 일상성은 반복, 지껄임, 호기심 등으로 가득 차 있고, 단지 물질적인 욕망 충족만을 삶의 목적으로 여기고 있어. 이런 상황에서는 문화의 질적 발달이 불가능해. 날마다 새로운 디지털 기기들이 인간의 호기심을 자극하고 무한한 욕망을 충족시키기에 바빠. 남녀노소를 불문하고 누구나 디지털화하여 한순간이라도 스마트폰이나 컴퓨터를 멀리하면 자신의 신체 일부를 잃어버린 것처럼 안절부절못하고 제정신이 아니야.

지금 이 시점에서 우리는 삶을 결단하지 않으면 안 돼. 배부른 돼지가 될 것인지, 아니면 배고픈 소크라테스가 될 것인지 말이야. 보드리야르(Jean Baudrillard)는 죽음의 죽음을 말했어. 무수한 기호와 부호가 인간의 삶과 사회를 지배함으로써 죽음을 몰고 온 것이야. 이 죽음을 깡그리 죽여버릴 때 삶의 긍정적인 미래가 가능하다는 거지. 여유와 느림의 철학을 가지고 인간의 삶과 사회를 철저히 통찰할 필요가 있어."

논리와 사고가
필요한 이유

얼마 전부터 우연히 알고 지내는 50대 중반의 아주머니 한 사람이 있다. 어느 날 소형 용달 트럭이 연구실 바로 옆에 조출한 짐을 내려놓고 있었다. 다음 날, 옆집 창문 바깥쪽에는 '사주, 관상, 결혼, 이사, 신점, 신가리' 등의 글자가 정갈하게 붙었다.

나는 '무당이 옆집 원룸으로 이사 와서 사업을 벌이는구나'라고 생각하면서 문을 살며시 열고 안쪽을 들여다보았다. 곱상하게 생긴 아주머니가 단정히 앉아서 생긋 웃는 것이었다. 환기가 잘되지 않는 방 안에는 담배 연기가 자욱했다. 아주머니는 갑작스러운 상황에 약간 당황했는지 왼손에 쥔 담배를 재떨이에 바삐 비벼 끄고 있었다.

"아하! 아주머니가 여기에서 점치는 일을 시작하려나 보지요?"

"예, 남양주에서 오래 이 일을 하다가 사정이 있어서 서울로 오게 되었어요. 옆 사무실에 계시지요?"

"신통하시네. 그걸 어떻게 알았어요?"

"아까 선생님이 옆 사무실로 들어가시는 걸 보았어요."

"그렇군요. 난 또 아주머니가 천리안을 가지고 투시하는 줄 알았어요."

"저도 보통 때는 평범한 여자예요. 일단 점을 치거나 굿을 시작하면 그때 신이 내리지, 보통 때는 그냥 살림하는 주부죠."

"아주머니가 결혼했어요? 보통 무당은 결혼하지 않고 혼자 사는 줄 알았는데, 결혼했다니 믿어지지 않는군요."

"제 팔자가 기구해요. 고향이 남양주이고 그곳에서 태어나 학교를 다녔어요. 여고 졸업 후 살림을 돕다가 토목 기술자인 지금의 남편과 결혼하고 남매를 낳았어요. 남매가 유치원에 들어간 해 저는 신내림을 겪어야 했어요. 6개월간 거세게 반항했지만 끝내는 숙명으로 여기고 받아들이기로 한 후, 이렇게 점도 치고 가끔 굿판도 벌려요."

굿은 샤머니즘이 현실적으로 전개되는 하나의 형태다. 무당은 굿판을 벌리면서 초월적인 혼백을 불러오고, 이 혼백(귀신)은 길(吉)과 복(福)을 가져다주고 흉(凶)과 화(禍)를 물리쳐주는 것으로 알려져 있다. 흔히 우리는 샤머니즘 역시 종교의 일종인 원시 신앙이기 때문에 샤머니즘이 논리에서 벗어난다고 생각하기 쉽다.

전통적 사고방식에 따르면 문화의 구성 요소는 학문(철학을 포함한), 예술, 도덕 및 종교다. 학문은 지성의 산물이고, 예술은 정서의 산물이며, 도덕과 종교는 의지의 산물로 여겨져왔다. 인간의 능력을 이 세 가지로 본 대표적인 사람이 칸트였다. 그러나 쇼펜하우어(Arthur

Schopenhauer)나 베르그송(Henri Bergson)은 인간의 능력을 지성과 직관으로 나누고, 지성은 대상을 형식적, 체계적으로 파악하는 능력으로, 그리고 직관은 대상을 직접 파악하면서 공감하는 능력으로 보았다.

근대 영국 경험론의 대표적인 철학자 흄은 경험적인 감각 지각을 앎의 능력(인식 능력)으로 보았다. 우리는 대상을 감각으로 지각함으로써 우선 생생한 인상(impression)을 얻는다. 이 인상은 시간이 지나면 덜 생생한 관념(idea)이 된다. 흄에 의하면 지각 내용은 두 가지, 즉 인상과 관념이다.

그런데 현대로 들어서면서 인간의 몸과 마음(신체와 영혼 또는 물질과 정신)은 하나이며, 따라서 몸이 생각한다는 생각이 타당성과 설득력을 가지게 되었다. 현상학자인 후설(Edmund Husserl)이나 메를로퐁티(Maurice Merleau-Ponty)는 이성, 감성, 의지, 정서 등 모든 인간의 작용을 통틀어서 의식이라고 했다. 인간이 생각하거나 믿거나 느끼는 모든 작용을 일컬어서 의식이라고 부른 것이다.

우리는 의식하면서 삶을 전개하는데, 자신이 의식한다는 사실을 사고한다. 우리의 사고는 내용과 형식 두 가지로 구분된다. 사고 내용을 탐구하는 것은 심리학이나 인식론의 과제다. 그러나 사유 형식, 곧 사유 법칙만을 연구 대상으로 삼는 학문이 있으니 다름 아닌 논리학이다.

예컨대 "고양이는 동물이다" 또는 "호박은 식물이다" 등과 같은 명제에서 논리학은 내용은 건드리지 않고 형식만을 따진다. 어떤 지각 과정을 통해 고양이를 동물로 인지하거나 호박을 식물로 판단하는지를 연구하는 학문은 심리학이다. 그러나 위의 두 명제 모두 "S는 P다"

의 형식을 가지고 있다고 보고 명제의 사유 형식, 곧 사유 법칙만을 살피는 것이 논리학이다.

논리학은 추론의 타당한 원리가 어떤 것인지 연구한다. 그러므로 어떤 사람의 표현이 논리적인지 아닌지를 가리기 위해서는 그의 표현이 타당한 추론의 원리를 따르는지 여부를 따질 필요가 있다. 논리학이 어떤 학문인지 가장 쉽게 알기 위해서는 수학이 어떤 학문인지 알면 된다. 수학은 개념이나 판단을 수식화한다. 예컨대 두 개의 사과에 세 개의 사과를 합하면 다섯 개의 사과가 되는 것을 수학으로 표현하면 '2+3=5'가 된다. 인간의 사유 형식이나 법칙을 수로 표현하는 학문이 수학이라고 한다면, 사유 형식이나 법칙을 언어로 표현하는 학문은 논리학이다.

플라톤이 아카데미에서 공부하는 학생에게 수학을 필수 과목으로 제시한 것이나 아리스토텔레스가 형식논리학을 모든 학문의 예비학이라고 한 데에는 그럴 만한 이유가 있다. 질서와 조화를 망각하고 오로지 열정이나 신념만 가지고 사물이나 사태를 대한다면 결코 바람직한 문화의 내용으로서의 학문, 예술, 도덕 및 종교를 창출해 낼 수 없다.

"넓게 보면 논리학에는 여러 종류가 있어. 형식논리학 이외에도 변증법적 논리학, 인식논리학, 존재논리학 등을 들 수 있지. 보통 논리 또는 논리학이라고 말할 때, 그것은 명제(사유된)의 형식이나 법칙을 따지는 예비학이야. 그러나 헤겔이 말하는 변증법적 논리학은 운동하고 변화하는 사물 존재의 논리학이야. 형식논리학에서는 '씨앗은 씨앗이다'가 타당한 명제이지만, 변증법적 논리학에서는 '씨앗은 싹이다'가 가능해. 씨앗을 땅에 심고 물을 주면 씨앗은 자신을 부정하고 싹이 되고, 다시 싹은 자신을 부정하고 꽃이 되기 때문이야.

인식의 기능, 인식의 한계, 인식의 타당성, 인식의 근거 등을 연구하는 철학의 중요한 분과가 인식논리학이야. 흄이나 칸트는 각자 철저한 인식론을 바탕으로 철학 체계를 전개하고 있어.”

형식논리학은 동일률, 배중률, 모순율 등 세 가지 법칙을 근본 원리로 삼는다. 동일률(A는 A이다)은 모든 사태를 불변하는 것으로 여긴다. 즉, 어떤 사물이나 개념은 그 자체로서는 항상 동일하다고 본다. 배중률(A는 A이거나, A가 아니다)은 동일한 대상에 대해서 동일한 사실을 동시에 긍정하고 부정할 수 없기 때문에, 긍정하면 부정할 수 없으며 부정하면 긍정할 수 없다는 것을 말한다. 모순율(A는 A이면서 동시에 A가 아닌 것일 수 없다)은 모든 사물이 하나의 동일한 속성을 가지면서 동시에 그것과 모순되는 배타적 속성을 가질 수 없다는 것을 뜻한다.

“형식논리학을 처음으로 체계화한 철학자는 아리스토텔레스야. 아리스토텔레스의 『오르가논(*Organon*)』은 후대에 편찬되었는데, 「범주론」 「해석론」 「분석론 전서」 「분석론 후서」 「변증론」 「궤변론」 등 6권으로 구성되어 있어. 「범주론」은 명제(언명)의 기본 형식을 다루고 「해석론」은 명제와 판단을, 「분석론 전서」는 추리론을, 「분석론 후서」는 증명론을, 「변증론」은 개연적 논리를, 그리고 「궤변론」은 궤변철학의 주장에 대한 반박을 다루고 있어.

아리스토텔레스의 논리학은 주로 연역논리야. 경험논리인 귀납논리에 관해 아리스토텔레스가 다루고 있긴 해도, 귀납논리가 본격적으로

발달하는 시기는 근대에 이르러서지. 서양의 중세 스콜라철학은 아리
스토텔레스의 논리학 중에서 분석론을 주로 이용해서 기독교 교리를
체계화하려고 노력했어.

근세 초기에 자연과학이 눈부시게 발달했고 새로운 시대의 요청이
있었는데, 베이컨은 이러한 요청에 부응해서 『노붐 오르가논』을 저술
했어. 이 책은 아리스토텔레스의 『오르가논』, 곧 형식적이며 합리적인
연역논리를 혁신하려는 목적이 있었어. 베이컨의 노력이 있은 후 논리
학은 연역논리와 귀납논리 두 가지를 모두 갖추게 되었지. 연역논리는
보편을 근거로 삼고 보편을 개별에 적용시키는 논리인 데 비해, 귀납
논리는 경험적인 개별 사실로부터 추론해서 보편 원리에 도달하는 논
리야.

밀(John Stuart Mill)은 『논리학 체계(*System of Logic*)』라는 책을 써
서 최종적으로 귀납논리학을 정리한 공리주의 철학자야. 논리학의 역
사를 좀 더 살펴볼까? 칸트는 논리학을 '일반논리학'과 '선험논리학'으
로 나누었어. 일반논리학은 형식논리학이야. 그러나 선험논리학(先驗
論理學)은 인식(앎) 성립의 근거 내지 원리를 연구하는 인식론이지.
칸트에 의하면 감각 경험의 선험적(경험에 앞서는) 형식인 시간과 공
간에 의해 표상이 성립해. 분별력 내지 오성의 능동적 형식인 범주가
표상을 개념으로 만들면 우리의 인식이 완성된다는 거지. 예컨대 '한
개의 커피 잔'이라는 개념은 이 개념이 생기기 전에 제일 먼저 '희고 둥
근 형체를 가진 모습'으로 지각되어 표상된 후, 두 번째 단계에서 '한
개의 커피 잔'이라는 완성된 개념으로 인식된다는 거야.

헤겔의 변증법 논리학은 형식논리학과 인식논리학을 종합하면서 실
재하는 존재논리학의 성격을 가지게 되는 거야. 헤겔의 변증법은 자

연, 정신 및 역사의 모든 과정을 꿰뚫는 법칙이야. 절대정신은 세계 원리로서 자연, 예술, 종교, 철학(절대 지식) 등을 통해 변증법적으로 전개되고 발전하여 드디어는 절대정신 자체로 복귀한다는 것이 헤겔 변증법의 핵심 내용이야."

마르크스와 엥겔스는 헤겔의 관념변증법을 유물론적 변증법으로 변형시키고 이상적인 과학적 사회주의를 실현함으로써 자유, 평등 그리고 휴머니즘을 꽃피우려고 했다. 근대 합리론 철학자 라이프니츠(Gottfried Leibniz)를 출발점으로 하여 지금까지의 형식논리학을 수학적 논리학(수리논리학) 또는 기호논리학으로 발전시키려는 노력이 있었다. 프레게(Gottlob Frege), 불(George Boole), 러셀(Bertrand Russell) 등은 일상언어를 떠나서 기호를 사용하여 명제를 계산하고 명제의 참과 거짓을 가리고자 하는 기호논리학의 발전에 기여한 사상가들이다.

합리적으로
판단하기

파스칼(Blaise Pascal)이 "인간은 생각하는 갈대다"라고 했을 때 파스칼이 뜻하는 인간은 이성적으로 생각하는 존재다. '이성적으로'라는 표현은 '합리적으로' 또는 '논리적으로'라는 표현과 동일하다고 볼 수 있다.

참과 거짓을 구분할 수 있는 서술문(敍述文)은 논리적 문장이다. 만일 일상생활에서 비논리적인 문장만 사용한다면 우리의 사회는 어떤 모습일까? 한마디로 혼란 그 자체이고, 아무것도 상상할 수 없을 것이다. 우리는 문장을 크게 서술문, 의문문, 명령문, 감탄문 등 네 가지로 나눈다.

"김 군의 생각은 논리정연해서 함부로 반박하기가 어려워" 또는 "조양의 말이나 글은 매우 논리적이야"라고 말하는 경우, 김 군의 생각 그리고 조 양의 말이나 글이 질서 있고 사유의 법칙을 잘 따르고 있다는 사실을 보여준다. 주어를 술어가 설명해 주는 논리적 문장만이 명제의 참과 거짓을 구분할 수 있게 해주는데, 이러한 명제를 일컬어서 서술 문이라고 한다.

의문문, 명령문, 감탄문 등에서는 참과 거짓을 구분할 수 없으므로, 이 세 종류의 문장은 논리적 문장이 될 수 없다. 논리학에서 하나의 문장은 하나의 명제일 수도 있고, 하나 이상의 명제일 수도 있다. 하나의 주어와 하나의 술어로 된 하나의 명제는 하나의 문장이다. 예컨대 "나는 걸어간다"는 하나의 명제로 된 하나의 문장이다. 그러나 "비가 와서 나는 버스를 타고 학교로 갔다"는 "비가 왔다", "나는 버스를 탔다", "나는 학교로 갔다" 등 세 명제가 결합된 하나의 문장이다.

명제는 주개념(主槪念)과 빈개념(賓槪念)으로 구성되는 판단이다. 판단이 모여서 추론(추리)이 형성된다. 따라서 논리적 문장은 참과 거짓을 가릴 수 있는 판단 내지 추리다. 오직 서술문만 논리적인 문장이고 의문문, 명령문, 감탄문은 참과 거짓을 가릴 수 없으므로 논리적 문장이 되지 못하는 예를 잠시 살펴보자.

- 행복이란 도대체 무엇인가?

- 논리적으로 생각한다는 것은 어떻게 생각하는 것인가?

- 사랑과 선은 하나인가?

- 나는 언제까지나 가난을 면치 못할 것인가?

- 한반도의 통일은 불가능하단 말인가?

- 그대는 어떻게 쉽게 철학에 접근하는가?

우리는 의문문으로 표현하여 물음에 대한 답을 제시할 수도 있다. 물론 답은 서술문이므로 참과 거짓이 가려지지만, 의문문 자체에서는 참과 거짓을 가릴 수 없다. 따라서 의문문은 논리적 문장이 아니다.

명령문에서도 의문문에서와 마찬가지로 참과 거짓을 가릴 수 없다.

- 정열적인 사랑을 체험하기 위해서는 짝사랑만 하지 말고 저돌적으로 이성에게 돌진하라.
- 돈을 벌고 싶으면 사무직만 찾지 말고 힘들어도 남들이 보지 못하는 틈새 직종을 찾아라.
- 지혜를 얻으려거든 엄청난 책을 읽어서 고도의 지식을 습득한 후 그 지식을 모두 버려라.

서술문은 논리적 문장의 세 가지 기본 원리(동일률, 배중률, 모순율)를 충족시키거나, 관찰이나 실험에 의해 검증될 때 참인지 거짓인지 드러난다. 그러나 의문문, 명령문, 감탄문 등은 동의어 반복 내지 동치(同値)도 아니고 관찰과 실험의 대상도 아니므로, 참이나 거짓과는 상관이 없다.

- 오, 너무나도 멋진 저 선남선녀들!
- 우리의 불교, 유교, 기독교의 심층에는 샤머니즘이 강하게 뿌리박혀 있구나!
- 특히 정치가들은 이기심과 지배욕에 가득 차 있구나!
- 미래의 남북통일은 아득하기만 하구나!

감탄문 역시 기본적인 사유 법칙(동일률, 배중률, 모순율)과 상관없고 관찰이나 실험의 대상도 아니므로 참, 거짓을 가릴 수 없으며, 따라서 논리적 문장이 아니다.

논리학은 논리적 추리의 옳고 그름을 따진다. 예컨대 "여대생은 발랄하다. 이 미녀는 여대생이다. 그러므로 이 미녀도 발랄하다"라는 명제는 하나의 논리적 추리다. 논리적 생각의 절차는 추리다. 추리가 일단 언어 형식으로 표현되면 그것은 추론이다. 보통 추리와 추론을 똑같은 뜻으로 사용하는 경우가 많다. 대체로 추론은 두 개 이상의 명제로 성립한다.

나는 이성 앞에서 심하게 말 더듬는 습관이 있고 그 때문에 연애에 실패한다.

그러므로 나는 앞으로도 이성 앞에서 말을 더듬을 것이고 다시금 연애에 실패할 것이다.

이상에서 알 수 있듯이 추론은 전제와 결론으로 구성된다. 우리도 잘 아는 대표적인 추론이 삼단논법이다. "모든 사람은 증오한다. 나는 사람이다. 그러므로 나도 증오한다"에서 앞의 두 명제는 전제이고 맨 마지막 명제는 결론이며, 두 전제 중에서 앞의 것은 대전제이고 뒤의 것은 소전제다.

특정한 원인으로부터 특정한 결과를 이끌어내는 증명 형식을 가진 것이 바로 추론이다. 증명 형식의 과정이 타당한지 여부를 가리는 일이 논리학의 과제다. 올바른 추론은 타당한 추론이며, 그릇된 추론은 부당한 추론이다. 부당한 추론은 그릇된 사유 형식의 산물로서 우리의 생각뿐만 아니라 행동마저도 혼란에 빠지게 할 우려가 있다.

일상생활을 차분히 반성해 보면 수많은 부당한 추론의 홍수 속에서 살아가고 있음을 깨닫게 된다. 정치, 경제, 사회, 문화 등 여러 차원에서 부당한 추론이 마치 타당한 추론처럼 행세하는 경우가 흔하다. 부당한 추론이 타당한 추론인 것처럼 행세하는 사회에서는 가치관의 혼란이 난무한다. 그런 사회에서는 참다운 사고와 추론이 무시당한다. 그런 사회에서는 개인적, 집단적 이기주의가 판을 친다. 고대 그리스의 궤변철학자(소피스트)의 궤변은 부당한 추론을 대변한다.

다음의 세 가지 추론을 살펴보기로 하자.

모든 쇠는 물을 만나면 녹슨다(참).
모든 못은 쇠로 만들어졌다(참).
그러므로 모든 못은 물을 만나면 녹슨다(참).

만일 내가 주상복합아파트 두 채를 가지고 있다면 나는 부자다(참).
나는 주상복합아파트를 한 채도 가지고 있지 않다(참).
그러므로 나는 부자가 아니다(참).

모든 여성은 연약한 어깨를 가지고 있다(거짓).
연약한 어깨를 가진 여성은 미녀다(거짓).
그러므로 모든 여성은 미녀다(거짓).

위의 첫 번째 추론에서는 대전제, 소전제, 결론의 요소 명제가 참답고, 따라서 추론 역시 참답다. 두 번째 예에서는 요소 명제가 참다울지라도 추론은 부당하다. 세 번째 예에서는 요소 명제들이 거짓이라고 해도 추론은 타당하다. 두 번째 예에서 볼 수 있듯이, 참다운 요소 명제들을 나열하면서 부당한 추론을 마치 타당한 것처럼 제시하는 것은 사회, 정치, 경제적인 발언에서 흔히 볼 수 있다.

독재자들이 대중을 기만하고 자신의 지배 권력을 정당화하기 위해서 수단과 방법을 가리지 않고 부당한 추론을 합리적인 것인 양 가장하는 경우가 종종 있었다. 과거 이승만 대통령은 재집권할 때 다음과 같은 부당한 추론을 마치 타당한 것처럼 말한 적이 있다.

"나는 절대로 삼선(三選) 대통령이 되지 않겠습니다. 그러나 대다수의 백성이 원한다면 어쩔 수 없이 대통령이 되지 않을 수 없습니다. 자, 길거리를 잘 보십시오. 일용 노동자들도 내가 대통령이 되어야 한다고 외칩니다. 나는 원하지 않지만 백성들이 원하기 때문에 어쩔 수 없이 삼선개헌(三選改憲)을 하지 않을 수 없습니다."

위의 예들에서 알 수 있듯이 전제들만 보거나 또는 결론만 보아서는 추론이 타당한지, 부당한지를 결정할 수 없다. 추론이 타당하면 결론은 언제나 참이고, 따라서 건전한 추론에서는 결론이 참이면 추론 역시 타당하다. 결론과 전제가 참이고 추론이 타당하다면 그 추론은 건전하다고 말할 수 있다.

우리가 질서 있는 삶을 영위하면서 정치, 경제, 사회, 문화 등 모든 영역에서 체계적이며 조화로운 역할을 담당할 수 있는 근거는 바로 논리적 사고와 행위 때문이다.

이성과 경험은
어떻게 구분하는가

이성을 앎의 잣대로 여기는 철학자를 합리론자(합리주의자)라고 부르며 감각 경험을 앎의 잣대로 여기는 철학자를 일컬어서 경험론자라고 부른다. 대표적인 합리론자로는 아리스토텔레스와 아울러 근대 대륙의 합리론 철학자들인 데카르트(René Descartes), 스피노자, 라이프니츠 등을 들 수 있다. 대표적인 경험론자로는 영국의 경험론 철학자들인 흄, 베이컨, 로크(John Locke) 등을 말할 수 있다.

"대부분 우리는 일상생활에 습관적으로 익숙해져서 '어떻게 하루를 무사히 보낼까?', '좀 더 좋은 옷과 맛있는 음식을 먹기 위해 어떻게 행동해야 할까?', '학교나 직장에서 동료들과 원활한 관계를 맺기 위해서는 어떤 태도를 지녀야 할까?', '좀 더 건강하기 위해서 어떤 운동을 해야 하고 또 어떤 음식을 섭취해야 할까?', '형제들 혹은 부모와의 서먹한 관계를 좋게 만드는 최선의 방법은 무엇일까?' 등 수많은 일상적인 물음을 제기하고 그에 대한 답을 찾으려고 허덕이지. 다시 말하면, 일상 생활에서 무한히 반복되는 일상성의 쳇바퀴를 돌리고 또 돌리는 거야.

누가 갑자기 다음처럼 묻는다고 하자. '5+7=12'라는 사실을 그대는 어떻게 아는가? 이성에 의해서 아는가? 그렇다면 그대의 이성은 대뇌 속에 있는가, 아니면 심장에 있는가? 그대의 이성은 감정과는 질적으로 다를 텐데, 그러면 감정은 그대 몸의 어느 부분에 숨어 있는가?' 이런 질문을 받는다면 나는 순간적으로 당황할 거야. 그러나 곧 이렇게 답하겠지. '보통 사람들은 습관적으로 살고 있는 거 아니겠어? 나 역시 마찬가지야. 앞에 있는 저 여학생이나 철쭉꽃을 눈으로 보고 알아. 내 눈으로 직접 보면서 감각으로 아는지, 아니면 이성으로 아는지, 그런 걸 깊이 따져본 일이 없어. 나도 그렇고 다른 사람들도 모두 그냥 안다고 생각해. 말하자면 습관적으로 아는 거지."

사물이나 사태(또는 대상)를 어떻게, 그리고 무슨 능력으로 아느냐에 따라 인식론(앎의 이론)은 합리론, 경험론, 직관주의 등으로 구분될 수 있다. 합리론자에 의하면 경험은 그릇된 앎을 가져다주고 오직 이성만이 참다운 앎을 가져다준다고 주장한다. 그러나 경험론자들에 의하면 이성은 존재하지 않고 감각 경험에 의해 대상을 안다는 것이다. 로크와 같은 경험론자는 인간의 마음은 원래 백지(tabula rasa)와 같이 빈 것인데, 감각 경험이 빈 마음에 관념을 만들어놓는다고 했다. 베르그송과 같은 직관주의자는 대상과 하나가 되는 것이 참다운 앎이고 그러기 위해서는 대상을 직관(공감)해야 한다고 주장했다.

추론에는 연역추론과 귀납추론이 있다. 합리론자의 추론은 연역추론이고, 경험론자의 추론은 귀납추론이다. 연역추론은 연역법으로, 귀납추론은 귀납법으로 일컬어진다. 연역법은 보편 원리를 특수한 개념 사실에 적용하는 것이다. 귀납법은 특수한 경험적 개별 사실을 종합하여 그 사실로부터 보편 원리에 도달하는 방법이다. 따라서 연역법은 수학과 논리학을 비롯해서 인문학의 주요 방법이고, 귀납법은 경험적 자연과학의 주된 방법이다.

아리스토텔레스가 말하는 삼단논법은 연역추론의 대표적인 방법으로, 다음은 연역추론의 예다.

모든 사람은 죽는다.
소크라테스는 사람이다.
그러므로 소크라테스도 죽는다.

모든 식물은 생물이다.
모든 호박은 식물이다.
그러므로 모든 호박은 생물이다.

연역추론은 필연적이면서도 보편적인 추론이다. 그러나 귀납추론은 경험에 의존하는 확률적이며 개연적인 추론이다. 귀납추론의 전제는 결론에 대한 부분적인 증거만 제시한다. 다음은 귀납추론의 예다.

이 미녀는 보조개가 있다.
저 미녀도 보조개가 있다.

그러므로 미녀는 아마도 모두 보조개가 있을 것이다.

링컨은 대통령이며 지혜로웠다.

루스벨트도 대통령이며 지혜로웠다.

그러므로 대통령은 모두 지혜로울 것이다.

연역추론은 말할 것도 없고 귀납추론 역시 논리적이다. 두 가지 모두 사고의 질서와 규칙을 따른다. 단지 차이가 있다면 연역추론은 보편적이며 필연적인 사고의 질서와 규칙을 따르고, 귀납추론은 개연적이며 확률적인 사고의 질서와 법칙을 따른다는 것이다.

우리는 말이나 글의 표현을 접할 때 추론이 타당하다든가 부당하다고 말한다. 앞에서 어떤 명제 또는 추론이 논리 규칙(예컨대 동일률, 배중률, 모순율)을 어기면 부당한 명제나 추론이 된다는 사실을 간단히 살펴보았다.

추론이 논리적 규칙을 어기면 형식적 오류를 범한다. 연역추리에 있어서의 오류는 형식적 오류다. 그러나 논리적 규칙과 상관없이 언어의 애매함이나 논리적 관계에서 생기는 오류가 있는데, 그것은 비형식적 오류다. 비형식적 오류는 귀납추리에서 찾아볼 수 있는 오류다.

비형식적 오류는 종류가 매우 많다. 다의어(多義語)의 오류, 분할의 오류, 강조의 오류, 결합의 오류, 위력에의 오류, 사람에의 오류, 무지에의 오류, 연민에의 추론, 많은 사람들에 의한 추론, 권위에의 추론, 우연의 오류, 거짓된 원인의 오류, 선결 문제 요구의 오류, 순환논법의 오류, 복합적 질문의 오류, 논점 부적절의 오류 등. 여기에서는 대표적으로 몇 가지 오류만 골라서 살펴보기로 하자.

다의어의 오류

저 남자는 키가 작다.

이 여자는 키가 크다.

그러므로 이 여자는 저 남자보다 키가 크다.

이 예에서는 작다와 크다가 상대적 용어이므로 문맥에 따라 다른 의미를 가지는 사실이 무시되어 오류가 일어난다.

분할의 오류

이 회사는 미남과 미녀가 제일 많은 회사다.

그러므로 이 회사의 직원인 권 군과 조 양은 미남과 미녀다.

이 예에서는 전체의 성질을 부분에도 동일하게 적용하는 잘못을 범하고 있다.

강조의 오류

너는 수학을 완전히 정복해야 한다.

너를 강조하면 다른 사람은 상관없는 것으로 이해되기 쉽고, 수학을 강조하면 다른 학문은 별로 비중이 없는 것으로 여겨지기 쉽다.

결합의 오류

이 여인은 코, 입, 눈, 귀 등이 아름답고 키도 늘씬하기 때문에 미인이다.

부분의 성질을 합한 것을 전체의 성질과 동일하게 보는 오류다. 제 아무리 눈, 코, 입 등이 예쁘더라도 그것들이 얼굴 한군데로 쏠려 있다면 미인이 될 수 없다.

선결 문제 요구의 오류

대학 교수, 의사, 판검사 등의 직업은 가장 안정되고 모든 사람들이 원하는 직업이다. 그러므로 너도 크면 꼭 그런 직업을 가져야만 한다.

이 예에서는 대학 교수, 의사, 판검사 등의 직업이 과연 가장 안정적인지, 그리고 모든 사람들이 진심으로 바라는 직업인지의 여부가 먼저 밝혀진 다음에 그런 직업을 택하라고 해야 추론이 타당할 것이다. 위의 추론에서의 오류는 부당가정(不當假定)의 오류이기도 하다.

순환논법의 오류

네 부모님은 너와 내가 어렸을 때부터 우리가 찰떡궁합이라고 했어. 이제 우리는 성인이 되었으니 네 부모님의 말뜻에 따라 결혼하지 않으면 안 돼.

이 예에서는 전제에서 제시된 명제가 결론에서도 똑같이 제시된다. 순환논법의 오류는 일종의 선결 문제 요구의 오류이기도 하다.

논점 부적절의 오류

사랑은 괴로운 것이다. 당신도 사랑을 괴로운 것이라고 여깁니까?

그렇지요.

그렇다면 당신은 틀림없이 괴로운 사랑을 체험한 사람입니다.

이 예에서 사랑을 괴로운 것이라고 생각하는 것과 괴로운 사랑을 체험하는 것은 전혀 다른 사항이므로 이 추론은 논점이 부적절하다.

인간을 정의하여 "인간은 이성적인 동물이다", "인간은 사고하는 존재다", "인간은 자기 자신을 비판적으로 반성하는 존재다" 등 여러 가지로 표현한다. 장구한 문화의 역사를 통해서 인간은 다양한 삶의 문화적 차원에서 질서, 규칙, 조화 등을 만들어왔으며, 앞으로도 계속해서 만들어갈 것이다. 물론 지나치게 극단적으로 질서와 형식, 법칙만 강조하다 보면 삶의 생명력과 아울러 창조성이 결여되기 마련이다.

현재의 생철학, 실존주의, 철학적 인간학 등은 근대 이후 철학적 사고를 지배한 극단적 합리주의를 붕괴하고 해체하기 위해 등장했다. 물론 현대 철학에 앞서서 칸트는 형식적인 이론이성보다 내용이 가득 찬 실천이성이 우위를 차지한다고 주장했다. 현대의 프랑크푸르트학파에서는 칸트를 이어받아 도구 중심의 이론이성을 해체하고 인간 주체를 배려할 수 있는 실천이성을 강조했다.

추론에 대해 말할 때 반드시 연역추론과 귀납추론 두 가지를 모두 고려하지 않으면 안 된다. 넓은 의미에 있어서의 합리성은 삶과 세계의 질서와 조화를 뜻한다. 합리주의란 말만 생각하면 형식적이고 수학적이며 껍질만 남은 이론이성을 떠올리기 쉽다. 그러나 인간이 문화 창조의 주체인 이유는 합리적인, 다시 말해 질서와 조화를 갖춘 삶과 사회를 끊임없이 갈구하고 만들어가기 때문이다.

일찍이 니체는 참다운 예술(비극)의 두 원천을 디오니소스적인 것(역동적이며 음악적인 것)과 아폴론적인 것(형식적이며 미술적인 것)이라고 말했다. 극단적인 열정(정서)은 말할 것도 없고 극단적인 이론이성(도구이성 내지 형식적 이성) 모두 비합리적인 것이다. 그러한 것은 인류 문화를 말살시킬 뿐이다.

우리에게 논리적이며 합리적인 사고가 필요한 근거는 질서 있고 조화로운 삶과 세계를 창조하려는 우리의 의식이다.

앎의 본질을
밝히다

앎에 관한 이론을 심리학에서는 인지이론(認知理論, cognitive theory)이라고 하고 철학에서는 인식론(epistemology)이라고 한다. 보통 동물의 3대 본능으로 식욕, 갈증욕, 성욕 등을 들고 있지만, 인간은 3대 본능 이외에 지식욕을 지니고 있다. 포유류, 그중에서도 특히 유인원은 대상에 대한 호기심도 있다. 그러나 인간은 호기심을 뛰어넘어 대상에 대한 지식욕을 가지고 있다. 그리고 외적 대상뿐만 아니라 자기 자신도 알려고 한다.

생물학자와 고고학자에 의하면 까마득한 과거 언젠가부터 인류의 조상에게는 기하급수적으로 신경세포 수가 증가했다. 베르그송이라는 생철학자는 『창조적 진화(*L'evolution Creatrice*)』에서 다른 동물에 비해 신체 각 기관의 능력이 떨어지는 인류의 조상에게는 지적 능력의 진화가 두드러지게 나타났다고 말했다. 지적 능력이란 지성과 아울러 직관력도 포함한다.

보통 우리가 알고 있는 철학의 기본 분과는 인식론, 윤리학, 형이상학, 미학, 논리학, 철학사 등 여섯 가지다. 그렇지만 철학에서 가장 중요한 세 가지 분과를 고르라고 한다면 인식론, 윤리학, 형이상학을 꼽을 수 있다. 그런데 이들 세 가지 분과 중에서 철학의 제일 중요한 한 가지 분과만을 택하라고 한다면 어떤 것을, 왜 선택할 수 있을까?

어떤 사람은 윤리학을 철학에서 가장 중요한 분과로 택하면서 다음처럼 주장할 것이다. "인간의 행동의 궁극적인 목표는 행복입니다. 그래서 철학의 시작이자 끝이 윤리학이라고 믿습니다." 그런가 하면 또 어떤 사람은 형이상학을 철학의 가장 중요한 분야로 생각하는 이유를 다음처럼 말할 것이다. "삶과 세계 만물의 원리 내지 근거가 해명되지 않으면 윤리나 앎도 무의미하지." 그러나 앎의 이론, 곧 인식론을 철학의 핵심 분과로 믿는 사람은 다음과 같이 주장할 것이다. "삶이나 사물 또는 사태를 옳게 알아야만 세계의 근원 그리고 도덕이나 윤리에 대해 말할 수 있어요. 그러니까 인식론이 제일 먼저 해명되어야 윤리학과 형이상학이 밝혀질 수 있는 거지요."

우리나라의 원효대사나 율곡 이이도 이미 "일즉다 다즉일(一卽多 多卽一)"이라고 말했다. 고대 그리스의 자연철학자 중 한 사람인 크세노파네스(Xenophanes)는 범신론의 입장에서 일즉다(hen kai pan)를 주장했다. 인식론, 윤리학, 형이상학, 미학, 논리학, 철학사 등은 철학을 구성하는 기본 분과다. 물론 입장에 따라서 철학의 가장 중요한 분과를 하나만 꼽을 수 있기도 하지만, 이 기본 분과는 전체적으로 하나의 순환 구조를 이루고 있다고 보는 것이 가장 설득력 있는 견해일 것이다. 인식론을 논할 때에는 필히 다른 분과를 함께 취급하지 않으면 안 된다. 윤리학을 논할 때도 역시 다른 분과를 함께 물고 들어가지 않으면 안 된다.

"내가 좀 더 구체적으로 인식론에 대해 말해 볼게. 넓은 의미의 인식론과 좁은 의미의 인식론이 있어. 넓은 의미의 인식론에 포함되는 다양한 학문으로는 논리학, 심리학, 사회학, 역사학, 생리학, 인식형이상학 등이 있어. 예컨대 국회의원 선거나 대통령 선거 과정을 알기 위해서는 사회학에 의존할 수밖에 없어. 최근에는 신경생리학에 의존해서 대상인지(對象認知)를 연구하는 경향이 매우 발달했지.

좁은 의미의 인식론은 전통적인 철학에서 취급하는 인식론이야. 예컨대 칸트가 『순수이성비판』에서 전개한 인식론은 인식 능력, 인식의 본질, 인식의 근원, 조건, 전제 그리고 인식의 범위와 한계 등에 관해 철저하게 밝히려고 했어. 인식론의 탐구 주제를 어떤 방법론에 의해 취급하는가에 따라 여러 가지 인식론이 성립할 수 있어.

상식적인 차원에서는 인식론을 주관주의적 인식론과 객관주의적 인식론으로 나눌 수 있어. 주관주의적 인식론은 상대주의적이야. 대상에 대한 앎은 주관적인 내면 과정이라는 거지. 그러니까 내가 아는 저 장미꽃과 네가 아는 저 장미꽃은 서로 다를 수밖에 없어. 객관주의적 인식론은 보편적 인식론이야. 내면적 지각과는 상관없이 외부 대상이 그대로 알려진다고 주장하는 입장이 객관주의적 인식론이야."

인식론이 왜 중요한지 상세히 설명하자면 엄청나게 긴 글이 필요할 것이다. 인식론이 얼마만큼 정교하고 비판적이며 통일되어 있는지를 보면 특정한 사회의 문화가 얼마나 고도로 발달했는지 가늠할 수 있다. 예컨대 농경 사회에서는 철저한 인식론이 발달할 수 없었고, 따라서 학문의 분류와 아울러 최첨단 자연과학의 발달 역시 불가능했다. 그러나 수렵과 사냥 그리고 농경 생활을 동반했던 봉건 사회는 인간의 생존을 위해 인식론의 발전에 심혈을 기울이지 않을 수 없었다. 그래서 근대 영국 경험론의 시조인 베이컨은 "아는 것이 힘이다"라고 주장하기에 이르렀다.

"인식론과 첨단 자연과학이 발달한 사회의 삶이 더 행복한가, 아니면 원시 사회의 삶이 더 행복한가라고 누가 묻는다면 아마도 대부분의 사람들은 과학이 발달한 현대 사회가 더 행복하다고 말할 거야.

도대체 발달은 어떤 의미가 있는 거지? 쉽게 말해 발달은 어딘가로 향하는 과정이야. 바로 완전성과 절대성을 향하는 과정이 발달인 거야. 그런데 어떻게 보면 완전성과 절대성은 인간이 만들어낸 허구적 개념이야. 그래서 불교에서는 모든 상념은 환(幻)이라고 말해. 말하자면 인간의 오만 가지 생각은 모두 욕망이 만들어낸 환상에 지나지 않는다는 거야."

물론 인식론을 비롯해서 인간의 앎 자체를 헛된 욕망의 산물로 보는 입장이 있기는 하지만, 자유, 평등, 휴머니즘, 진리, 정의 등을 추구하는 전통 철학은 타당한 인식 방법론을 사용해서 사물이나 사태를 옳게 알고자 한다. 인식 방법론에 따라 인식론의 경향은 여러 가지 상이한 입장을 취한다. 경험론, 합리론, 회의론, 과학적 방법론, 분석철학, 권위주의, 직관주의, 인식론적 근거 및 인식론적 입장은 개인과 사회 양자가 스스로를 비판하며 재구성함으로써 오류를 제거하고 한층 더 개방되고 참다운 것을 추구하는 데 필수적이다.

내가 잘 아는 어떤 동양철학 교수는 기공이나 단전호흡 이야기만 나오면 신바람이 나서 떠들어댄다. 기공이나 단전호흡은 건강과 장수에 절대적인 도움을 준다는 것이다. 특히 단전호흡의 대가들은 마음만 먹으면 얼마든지 공중부양이 가능하다고 했다. 그 교수에게 공중부양을 직접 보았느냐고 물었더니 보았단다. 그러면 당신도 해보라고 했더니, 자신은 배우고 있는 중이어서 아직 그 단계에는 이르지 못했다고 대답했다.

어떤 사태를 직접 관찰하고 실험하면서 증명하려는 입장이 바로 경험론이다. 공중부양, 둔갑술, 축지법 등과 같이 초월적이며 황당한 사태를 직접 경험에 의해 가려내려는 대표적인 입장이다. 경험론에서는 인식주관과 인식객관 그리고 지식의 진리성이 중요한 주제다. 외부에 객관적으로 존재하는 대상은 인식객관인 데 비해 그것을 지각하여 아는 것은 인식주관이다. 대상의 존재를 얼마나 많은 수의 사람들이 경험적으로 증명하느냐에 따라서 대상 존재에 대한 지식의 참과 거짓이 가려진다.

경험론은 감각 지각이 제공하는 경험을 가장 기본적인 앎의 토대로 여긴다. 영국 경험론자인 베이컨, 로크, 흄 등은 경험적인 감각 지각에 의해 지식의 요소인 관념이 생긴다고 주장한다. 마음이란 원래 백지처럼 빈 것인데, 감각 지각이 경험한 것을 빈 마음에 새겨 넣기 때문에 관념이 생기고 지식이 형성된다는 것이다.

그러나 수학이나 신의 문제와 같은 순수한 정신 활동의 산물은 감각 지각의 대상이 될 수 없다. 감각 지각은 경험적 관습 내지 습관에 의존하기 때문에 보편적일 수 없고 상대적이며, 극단적인 경우에는 회의론에 빠지기 쉽다.

경험론과 달리 보편 필연적인 지식의 성립을 주장하는 입장은 합리론이다. 대륙의 합리론자인 데카르트, 스피노자, 라이프니츠 등은 보편적 지식이 가능한 근거를 두 가지로 든다. 첫째는 인간이 대상을 파악하는 능력으로서의 이성이고, 둘째는 불변하며 보편적으로 존재하는 관념이다. 합리론은 인식의 기원, 근거 그리고 타당성을 이성에서 찾는다. 경험적 감각 지각도 물론 지식을 가져다주지만 그러한 지식은 불완전하며 그릇된 지식이다. 감각 지각은 수시로 변화하고, 따라서 감각 지각에 의한 앎 역시 수시로 변화할 수밖에 없기 때문이다.

합리론자 데카르트는 방법적 회의를 통해 "나는 생각한다. 그러므로 나는 존재한다(Cogito erogo sum)"라는 철학의 제1명제를 찾아냈다. 데카르트는 이 원리로부터 "명석 판명한 인식은 진리다"라는 제2명제를 이끌어냈다. 데카르트는 이성(ratio)을 자연의 빛(lumen naturale)이라고 불렀다. 다시 말해, 이성에 의해 신, 정신, 물체 등을 인식할 수 있다는 것이 데카르트의 주장이다.

경험론과 합리론의 문제점을 비판하고 양자를 종합하여 비판철학의 신실론을 제시한 철학자는 칸트다. 칸트는 『순수이성비판』에서 우선 인식 능력의 구조를 살피고 다음으로 인식 형성에 대한 인식 능력의 관계를 묻는다. 칸트는 감성 형식, 곧 감각의 틀로서 시간과 공간이 있다고 했다. 즉, 감각의 성질 중 대표적인 것은 운동의 틀(시간 형식)과 크기의 틀(공간 형식)이다. 이 두 가지 틀에 의해 우리는 우선 대상의 형태(모습)를 파악하는데, 그것이 곧 표상(表象, Vorstellung)이다.

표상은 대상의 윤곽 내지 모습일 뿐이고 아직 완전한 앎(인식)을 구성하지 못한다. 칸트에 의하면 12가지 오성 범주(예컨대 단일성, 수다성, 전체성, 우연성, 필연성, 현실성 등)가 있어서, 이 범주들이 능동적으로 표상을 파악함으로써 표상은 개념이 되고, 개념에서 인식이 완성된다. 우선 감각 형식(시간 형식과 공간 형식)이 수동적으로 대상을 받아들여서 대상의 윤곽을 붙잡으면 그것은 표상이다. 이 대상의 윤곽을 범주가 능동적으로 구성하면 대상의 윤곽(표상)은 개념이 된다. 예컨대 장미꽃을 보면 제일 먼저 감각적으로 장미꽃의 형태(윤곽)만 파악한다. 다음으로 이성적으로 "한 송이 붉은 장미꽃"이라는 개념을 만듦으로써 장미꽃에 관한 완전한 앎을 얻게 된다는 것이 칸트의 주장이다.

"칸트 이후, 인식론도 많이 변했어. 직관주의자들인 쇼펜하우어나 베르그송은 칸트의 비판적 인식론을 반대하고 직관적 지식, 곧 공감을 주장했어. 또 현대에 들어와서 자연과학이 눈부시게 발달하면서 과학철학에서 인식론이 부각되기 시작했지. 또한 언어철학의 발달과 더불어 언어철학에서 지식의 문제가 비트겐슈타인의 '그림 이론'이나 '발놀이' 이론 등과 연관해서 심도 있게 논의되기도 했어.

여기에서는 과학철학에서의 인식론을 간략히 살펴보는 것이 좋을 거야. 과학자들은 대상이나 사건을 경험적으로, 그리고 합리적으로 관찰하고 실험해서 그 결과물로서 정확한 지식을 얻으려고 해. 이런 방법은 과학적 방법이야. 과학적 방법은 문제나 대상에 대한 지각과 정의, 적절한 자료의 관찰과 수집, 자료의 조직과 분류, 가설의 정식화(定式化), 가설로부터의 연역, 가설의 시험과 검증, 반증과 이론의 설정 등의 과정을 치밀하게 진행하면서 과학적 지식을 얻으려고 해.

현대 과학철학은 경험적 영역을 탐구대상으로 삼지. 수학이나 물리학 등 객관적 타당성을 보장하는 학문을 기초로 삼은 현대 과학철학은 논리성과 실증성을 특징으로 하지 않을 수 없어. 따라서 지금까지 인식론, 형이상학, 미학, 윤리학, 종교철학, 역사철학 등으로 일컬어졌던 철학이 과학적 방법에 의해서 탐구된다면 그것은 넓은 의미에서 과학철학의 범주에 속할 거야.

과학은 자신의 연구 범위를 경험 세계로 제한하므로 과학의 방법은 관찰, 실험, 검증, 반증을 위주로 해. 반증이 뭐냐고? 예컨대 '모든 백조는 흰색의 깃털을 가지고 있다'라는 가설을 놓고 백조들 하나하나를 모두 검사한 후 타당하다고 밝히는 방법은 검증이야. 그런데 '흰 깃털을 가지지 않은 백조도 있다'가 관찰 결과 타당하다면 '모든 백조는 흰 깃털을 가지고 있다'라는 명제에 반대되는 사실이 타당한 것으로 증명되므로 이때의 증명은 반증인 거지.

지금까지 철학에서 다루어진 중요한 개념 중 일부는 과학의 발달과 함께 의미가 변했어. 시간, 공간, 물질, 자연 법칙, 지식(앎) 등은 현대 과학철학에서 종래의 전통적인 개념과는 상이한 의미와 가치를 가지게 되었어."

철학에서 앎의 이론(인식론)은 윤리학, 형이상학, 미학, 논리학, 철학사 등과 순환 구조 관계를 이루고 있다. 즉, 어떤 사람이나 사회가 경험론의 입장을 주로 가지고 있으면 윤리적 행동이나 존재에 대한 사고는 경험론 입장과 직결된다. 그러나 합리적 인식론을 고집하는 사람은 합리적 입장의 윤리관과 존재론을 주장하게 된다.

최근에는 다양한 개별 학문들이 발달하여 다원적인 세계관을 제시하고 있다. 그러므로 종전의 폐쇄적인 인식론에서 벗어나서 다원적인 차원의 인식론을 가지고 열린 삶과 세계를 향한 미래를 제시할 필요가 있다.

참다운 앎을 위한
철학

"아는 것이 힘이다"라고 말한 베이컨은 영국 경험론 철학의 시조이면서 동시에 공리주의와 실용주의의 시조이기도 한 셈이다. 베이컨이 지식은 힘이라고 할 때, 지식은 단지 실용성 및 효용성의 측면에서만 인간에게 힘이 되는 것일까?

아리스토텔레스는 『형이상학』 첫머리에서 모든 인간은 본성상 지식을 추구하는데, 아무런 유용성이 없어도 지식을 추구한다고 말했다. 그의 말은 순수한 지적 욕구가 있다는 것이다. 물론 대부분의 지식은 어딘가에 써먹기 위한 것이다. 유치원부터 대학원에 이르기까지 학생들은 다양한 지식을 배우며 갈고닦는다.

"우리 아이는 유치원생이지만 벌써 원어민에게서 영어를 배우고 있어요. 또 토론 전문 학원에 다니면서 논술 준비도 하고 있답니다. 아이가 힘들어하지 않느냐고요? 그러니까 여러 가지 영양식도 먹이고 태권도 학원에도 보내고 있어요. 유치원과 학원에 갖다 바치는 돈만 해도 허리가 휘어질 판이에요. 그래도 지금 아이가 하나뿐이니까 투자를 해야지요.

지식은 힘이에요. 일찍부터 지식을 쌓아야 일류 대학에 갈 수 있어요. 무한 경쟁 시대예요. 저나 남편처럼 2, 3류 대학을 나오면 사회적으로 대접받지 못하고 모든 면에서 뒤처지게 마련이에요. 우리 자식만큼은 부모의 입장을 대물림하지 말아야 해요."

우리는 다음과 같은 물음에 부딪히면 어떻게 답할까?

"당신은 유용성이나 실용성을 위해서 학문을 배우는가, 아니면 진리를 알기 위해서 학문을 배우는가?"

당연히 대부분의 사람들은 어딘가에 써먹기 위해서, 또는 사회적으로 편하고 유리한 직업(지위)을 가지기 위해서 학문을 배운다고 답할 것이다. 그러나 곰곰이 생각해 보면 단지 개인적, 사회적으로 써먹기 위해서만 학문을 배우는 것이 아니라는 사실을 알 수 있다. "학이시습지 불역열호(學而時習之 不亦悅乎)"라는 말이 있다. "배우고, 배운 것을 때때로 익히니 역시 기쁘지 아니한가"라는 뜻이다. 인간에게는 순수한 지식의 욕구가 있고, 이러한 욕구가 충족될 경우 실용성이나 유용성과 관계없이 순수하게 흐뭇하고 기쁘지 않을 수 없다. 그래서 셸링(Friedrich Schelling)과 같은 철학자는 플라톤과 데카르트의 생각을 합쳐서 철학의 처음을 "의심과 경탄"이라고 했을 것이다.

지적 능력이 있다면 어린아이라도 문제 상황에 처할 경우 의심하게 되고, 의심을 해결할 경우 자기도 모르게 기뻐서 놀라게 된다. 철학의 처음은 물론이거니와 인식론의 처음 역시 의심과 경탄이다.

"우리는 허위를 가르쳐주는 것을 학문이라고 하지 않아. 대상이나 사태에 대한 진리를 제공해 주는 이론 체계가 바로 학문이야. 진리는 앎(인식)과 불가분의 관계를 맺고 있어. 그러므로 어떤 종류의 인식론을 바탕으로 삼아서 진리에 관한 이론이 제시되는가에 따라 여러 가지 진리 이론을 말할 수 있는 거야.

우선 진리절대설을 말할 수 있는데, 이것은 모사설(copy theory)을 따르고 있어. 우리의 마음이 거울이나 사진기처럼 작용한다고 여기고 바깥 대상이 마음에 새겨지면 대상에 대한 앎이 생긴다고 주장하는 앎의 이론이 바로 모사설이야. 마음에 새겨진 바깥 사물의 모습(표상)이 외부 사물 자체와 일치할 때 진리가 성립한다는 것이 모사설의 진리 이론이지.

이런 모사설을 따르는 진리절대론자들은 절대적으로 불변하는 진리는 보편, 필연적으로 이미 주어져 있으며, 인간은 진리를 참답게 알 수 있는 이상 또는 직관 능력을 소유하고 있다고 확신해. 상당수의 전통적인 철학자들, 예컨대 플라톤, 아리스토텔레스를 비롯해서 데카르트, 스피노자와 같은 합리론자들과 독일 관념론 철학자들은 모두 진리절대론자의 범주에 속한다고 말할 수 있어.

그렇지만 고대 그리스의 궤변철학자들(소피스트들)과 퓌론이 대변하는 회의론은 절대적 진리의 존재를 전면적으로 부정해. 퓌론은 회의론을 탐구한 결과 행복한 삶과 아울러 부동심(不動心)이 현자(賢者)의 궁극적인 목표라고 확신하게 되었어.

퓌론의 인식론은 주관주의와 상대주의에 물들어 있어. 그에 의하면 감각은 수시로 변하기 때문에 아무런 확실한 앎도 보장할 수 없어. 또 우리는 모든 이성적인 견해 각각에 전혀 반대되는 견해를 대립시킬 수 있어. 그러니까 이성 인식 역시 보편적 앎을 가져다줄 수는 없는 거야. 진리 인식은 불가능한 것이므로 기존의 관습을 조용히 따르면서 전수된 사회 질서와 윤리를 지킬 때 행복할 수 있다는 것이 퓌론의 생각이었대."

근대 영국의 경험론 철학과 대륙의 합리론 철학을 종합한 칸트의 진리 이론은 구성주의적 인식론의 진리관이다. 칸트는 직관과 사유의 필연성을 근거로 삼아 보편 타당하며 모순 없는 내적 체계에 속하게끔 구성된 앎만이 진리라고 주장했다. 칸트는 한편으로는 영국 경험론의 영향을 받아 외부 사물(대상)의 상(표상)은 감성 형식(감각의 직관 형식)에 의해 형성된다고 본다.

시간은 주관적인 감각 형식이지만 선험적(경험에 앞서는 또는 경험으로부터 독립하여 있는)인 것으로, 사물의 운동 내지 빠르기를 붙잡는 틀이다. 그런가 하면 공간은 사물의 크기를 붙잡은 틀(그물)이다. 시간과 공간은 수동적인 감성 형식인데, 외부 대상이 우리의 마음에 있는 시간과 공간의 그물에 걸리면 대상의 윤곽(표상)이 만들어진다. 우리의 마음에는 수동적인 감성 형식 이외에 능동적인 오성 형식(범주)이 있다. 오성 형식은 적극적으로 표상을 붙잡아서 대상의 윤곽을 명확한 개념으로 구성한다. 예컨대 어떤 사람을 보면 우선 그 사람의 윤곽을 그린다. 그 후 "지성미가 넘치는 한 사람의 여대생"이라는 명확한 개념을 구성함으로써 완성된 앎을 소유하게 된다. 이런 입장이 바로 칸트의 구성주의적 인식론의 진리관이다.

　"최근의 진리 이론은 크게 네 가지 종류로 분류할 수 있어. 진리대응설(the correspondence theory of truth), 진리정합설(the coherence theory of truth), 실용주의 진리설(the pragmatic theory of truth), 진리수행설(the perfomative theory of truth) 등이 현대의 대표적인 진리설이야.

　영국의 일상언어학자인 무어(George Moore) 그리고 신실재론자 러셀은 진리대응설을 옹호해. 진리대응설을 옹호하는 사람들은 진리절대론자 내지 진리모사론자야. 에이어(Alfred Ayer), 무어와 같은 일상언어학자 철학자들은 철학자들이 애매한 추상적 용어들을 철학의 전문 개념으로 사용하고 있는데, 그러한 경향이 철학을 무용지물로 만드는 원인이라고 했어. 그래서 그들은 가능한 한 알기 쉬운 일상언어로 철학 사상을 표현하자는 운동을 전개했지.

　러셀은 세계의 모든 사물이나 사태는 시간-공간 속의 사건(events in time-space)이라고 했고 사건의 원천은 감각 지각으로 직접 알 수 없는 물리적 대상(physical object)이라고 하면서 신실재론의 입장을 취했어. 무어나 러셀은 참다운 명제는 명제 내용에 일치하는 객관적 사실을 항상 표현한다고 주장했지.

　진리정합설을 다른 말로 진리일치설이라고도 해. 합리주의적 형이상학을 대변하는 스피노자, 라이프니츠, 헤겔, 브래들리(Francis Herbert Bradley) 등은 진리정합설의 옹호자야. 이들에 의하면 진리

(명제)는 이미 우리가 받아들인 참다운 이론 체계 안에서 여러 가지 참다운 진리 명제들과 모순을 일으키지 않는 것이야.

진리정합설을 옹호하는 사람들이 보기에 대응설이 주장하는 사실과 명제의 대응은 그 관계를 증명하려고 가까이 접근할수록 의심스럽고 불명확해져. 심한 경우 진리대응설은 옹호자의 미신에 지나지 않게 되지. 그러므로 진리정합설에 의하면 어떤 명제의 진리 여부는 그 명제가 속해 있는 전체 체계 안에서 모순이 있는지 여부로 결정될 수밖에 없어.

예컨대 헤겔의 변증법적 관념론 체계에서 '절대정신은 자기 자신을 자연, 예술, 종교, 철학 등으로 전개한다'라는 명제는 헤겔의 철학 체계에 일치하지. 그러나 '씨앗은 영원히 씨앗이다', '태아는 언제까지나 태아다' 등의 명제들은 헤겔의 변증법 철학 체계와 모순되므로 참다운 명제가 될 수 없어.

지식을 삶의 수단이나 도구로 여기고 일상의 삶에서 최대한의 효용성과 실용성을 추구하는 것이 실용주의 진리설이야. 제임스(William James), 듀이(John Dewey) 등의 입장이 곧 실용주의적 진리설이지. 현실의 삶을 개선하고 미래의 삶을 계획하는 데 있어서 실용주의적 진리관은 막대한 힘을 발휘할 수 있어. 그러나 지나치게 경험적, 상대적인 입장을 유지하다 보면 결국 회의론에 빠질 염려가 많다고 봐야겠지.

진리수행설은 가장 최근의 진리 이론으로, 진리대응설, 진리정합설, 실용주의 진리설을 그릇된 것으로 여겨. 진리수행설을 대변하는 학자는 스트로슨(Peter Strawsen)인데, 그는 우선 '참다운(true)'과 '거짓된(false)' 등의 용어를 분석해. 종래에는 이 용어들을 기술적(記術的)인 것으로 여겼어. 그러나 스트로슨은 이 용어들을 수행적(遂行的) 표현으로 사용하고 있어.

예컨대 '나는 집으로 가겠다'와 같은 명제는 내가 집으로 가는 것에 관해 언명(言明)을 만들기 위해서가 아니고 단순히 집으로 가기 위해서 표현될 뿐이야. 또 '이러이러한 명제가 참답다'라고 말하는 것은 이러이러한 명제에 대한 다른 언명을 만들기 위한 것이 아니야. 이렇게 말하는 것은 그 명제를 보증하고 동의하며 찬성하는 행동을 수행하기 위해서지.

종래에는 어떤 사물이나 사태의 성질 내지 관계를 진리로 생각했어. 그래서 진리대응설, 진리정합설, 실용주의 진리설 등 전통적 진리관은 스트로슨의 진리수행설의 입장에서 볼 때 모두 그릇된 진리관에 지나지 않아."

칸트는 『논리학』에서 "우리는 무엇을 알 수 있는가? 무엇을 행해야만 하는가? 무엇을 원해도 좋은가? 인간이란 무엇인가?" 등 네 가지 물음을 제기했다. 이 네 가지 물음은 철학의 가장 근본적인 탐구 과제를 제시한다. 칸트는 인식론, 윤리학, 형이상학의 근본 문제들을 물음으로써 인간의 의미와 가치를 해명하고자 했다. 칸트는 『순수이성비판』에서 철저하게 인식론을 탐구함으로써 궁극적으로 인간을 해명하려고 했다.

현대의 관점에서 볼 때 앎의 이론은 칸트의 인식론보다 훨씬 더 복잡한 과제를 안고 있는 것이 사실이다. ①지각, 표상, 관념, 개념 등 인식 과정과 결과에 어떤 문제들이 있는지 알지 않으면 안 된다. 따라서 여러 종류의 인식론적 경향에 대한 비판적 검토 작업이 선행되지 않으면 안 된다. ②인식론은 인식 능력, 인식 과정, 인식 결과를 알기 위해 인식론에 필요한 개별 과학을 동원하지 않으면 안 된다. ③앎의 문제를 연구할 경우 사물의 존재, 가치, 아름다움 등의 문제들이 당연히 뒤따르기 때문에 인식론은 반드시 윤리학, 형이상학, 미학 등 철학의 기본 분야들과의 긴밀한 연관 속에서 탐구될 필요가 있다. ④앎은 개방적이며 포괄적이라는 것을 인정하지 않으면 안 된다. 우리는 타당한 인식 능력에 의해서 가능한 한 오류를 제거하고 참다운 지식을 얻어야 한다. 또한 제아무리 사태에 대한 진리를 얻었다고 해도 그 진리는 상황의 변화에 따라 단지 가설에 지나지 않는 것으로 판명될 수 있다는 사실을 알아야 한다.

우리는 진리를 보편 필연적인 것으로 믿는 경향이 있다. 예컨대 유일신은 기독교나 이슬람교에서는 보편 필연적이며 절대적인 신이다. 그러나 불교의 입장에서 보면 유일신뿐만 아니라 신과 모든 개념은 단지 욕망의 산물에 지나지 않는다. 문화철학의 관점에서 볼 때 인간은 문화의 창조자이자 동시에 문화의 피조물이기도 하다. 인간은 지식을 창조하면서 동시에 지식에 의해 창조된다. 그러므로 주체적인 인간성을 구성하기 위해 개방적이면서 미래지향적인 타당한 앎을 추구하지 않으면 안 될 것이다.

존재의 이유를
묻는다

철학의 궁극적 질문, '왜?'

자신만의 세계관을 정립한다

물질과 정신 중 어느 것이 더 중요할까

자유롭고 주체적인 인간 존재를 위하여

철학의 궁극적 질문,
'왜?'

나는 꽤 오래전부터 철학이 어렵다고 푸념하는 사람들에게 다음처럼 말하곤 했다.

"세상만사 마음먹기에 달린 것 아닙니까? 생각하기에 따라서는 철학을 어렵다고 할 수도 있고, 반대로 쉽다고 할 수도 있겠지요.

불경이나 성경을 읽는 행위 자체가 벌써 철학하기의 시작입니다. 꼭 플라톤, 아리스토텔레스나 칸트, 헤겔 아니면 주자나 퇴계 이황, 율곡 이이의 책을 읽고 생각해야만 철학한다고 말하기는 힘들지요. 자기 자신을 통찰하면서 '도대체 내가 무엇이지? 어떻게 또 하루를 보낼 것인가? 왜 내가 생각하고 존재하는 것일까?' 등의 물음을 제기하는 행위 자체가 이미 본격적인 철학하기입니다."

어느 정도 지적 수준을 갖춘 대학생들이나 대학원생들 또는 대학 교수들에게 나는 배움이나 철학에 대해 역설적으로 말하곤 했다.

"철학과 학생들이 배우는 철학 그리고 대학의 철학 교수들이 가르치는 철학은 철학이 아닌 경우가 많습니다. 기껏해야 대부분 철학에 관한 역사적 지식이겠지요. 비판 정신과 창조적 의식 및 행동이 결여된 지식은 철학과 거리가 멉니다. 수많은 철학 책을 읽고 철학 지식을 가능한 한 많이 습득한 후 모두 버려야 비로소 철학하기의 걸음마를 내딛을 수 있을 것입니다."

근대 독일의 합리론 철학자 라이프니츠는 "왜 세계는 없지 않고 있는가?"라는 질문을 던졌다. 솔직히 고백하건대, 나는 대학원에 다닐 때 라이프니츠의 이 물음을 접하고 한편으로는 좀 당황했고 한편으로는 황당한 생각이 들었다. "왜 세계가 없지 않고 있는가?"라는 물음은 "왜 내가 없지 않고 있는가?"라는 물음과 똑같다. 당시 나는 라이프니츠와 같은 위대한 철학자가 엄연히 눈앞에 존재하는 세계를 놓고 왜 세계가 없지 않고 있는지를 묻는 것 자체를 이해하기 힘들었다.

플라톤은 이 현실 세계는 참답지 못하고 단지 그림자에 불과하므로 불변하는 이데아의 세계가 있다고 했다. 기독교철학에서도 현실 세계는 선과 악이 갈등하는 세계이고 천국은 선만 존재하는 영원한 세계로 보았다. 라이프니츠에 조금 앞선 데카르트는 세계의 근거 내지 원천을 실체라고 불렀고, 정신과 물질 두 가지를 세계의 실체라고 했다. 그런가 하면 스피노자는 세계를 자연이라고 했으며, 자연을 실체로 보는 범신론적 입장을 표명했다.

나는 근대 합리론 철학 전공자도 아니고 세계나 사물의 존재 근거를 연구하는 존재론 전문가도 아니었으므로, 라이프니츠의 "왜 세계는 없지 않고 있는가?"라는 물음을 본격적으로 연구할 필요를 느끼지 못한 것이 사실이다. 그러나 가끔 라이프니츠를 읽을 때마다 그의 물음에 당혹감을 느끼지 않을 수 없었다. 큰 의미도 없는 물음에 내가 너무 예민한 것은 아닌지 자문할 때도 많았다.

상당히 오랜 세월이 흐르고 난 후에야 나는 "세계가 왜 없지 않고 있는가?"라는 물음의 진정한 뜻을 알 수 있었다. 나는 언제부터인가 궁극적인 철학적 물음은 "왜?"라고 정의했다. "왜?"에 도달하기 위해서는 "무엇?"과 "어떻게?"의 물음을 거쳐야만 한다.

철학이 어렵다고 생각하는 사람들은 일상과 철학이 서로 굉장히 멀리 떨어져 있다고 믿는다. 일상인들은 철학에 관해서 이야기해 보라고 하면 고개를 절레절레 흔들어댄다.

"나는 이공계 출신이고 공돌이예요. 진리, 아름다움, 윤리 등과 같은 철학적 주제들은 아무리 들어도 이해가 안 가요. 철학 책을 보려고 몇 번 애써보았는데 도무지 이해가 안 가더라고요. 그저 기계나 만지고 돈 벌 생각이나 하는 게 내겐 어울려요. 철학은 너무 어려워서 나하곤 인연이 없는 것 같아요."

이런 말은 철학과 아무 상관없는 것처럼 들릴지 몰라도 이미 자기성찰의 씨앗이 들어 있기 때문에 철학의 시작이라고 볼 수 있다. 철학은 하늘에서 떨어지는 것이 아니고 일상 속에 이미 호기심, 반복, 지껄임,

권태 등의 껍질을 쓰고 애벌레마냥 보이지 않게 꿈틀거리고 있다.

물음의 과정을 자세히 통찰해 보면 일상 안에 이미 인식론, 윤리학, 형이상학의 물음이 잉태되어 있는 것을 알 수 있다. 다음의 물음과 답을 살펴보자.

- 저 앞에 멀리 보이는 것이 무엇이지?

  사람이야. 가물거리기는 하지만 책을 들고 걸어오는 걸 보니 여대생이구만.

- 이 고소한 냄새가 나는 물고기처럼 생긴 과자는 무엇이에요?

  이건 찹쌀 잉어빵이에요. 밀가루 잉어빵보다 작지만 쫀득쫀득하고 맛이 기가 막혀요.

어떤 대상이 있으면 우리는 "무엇?"이라는 물음을 먼저 던진다. 대상이 무엇인지 안 다음에 그 대상을 어떻게 쓸 것인지에 대해 묻게 된다.

- 이 나무는 오동나무야. 오동나무로 쌀통을 만들면 썩지 않고 쌀벌레도 생기지 않는다던데, 쌀뒤주를 어떻게 만들지?

- 나는 공돌이여서 그런지 철학 교수들을 보면 너무 신기하고 존경스럽기까지 해. 공돌이들은 눈에 보이고 손으로 만질 수 있는 것을 배우고 가르쳐. 그런데 철학 교수들은 볼 수도 없고 만질 수도 없는 것, 예컨대 진리, 자유, 정의, 선을 어떻게 가르치지?

대부분의 일상생활은 "무엇?"과 "어떻게?"의 물음으로도 충분하다. 모두는 "왜?"라는 물음이 물음의 절정이라는 것을 무의식적으로 알고 있으면서도 회피하려는 경향이 있다.

• 너는 왜 하루에 세 끼 꼬박 밥을 먹니?

그래야 건강을 유지하니까. 끼니를 거르면 건강이 상하기 쉬워.

• 왜 그렇게 열심히 공부하세요?

내게는 삶의 목표가 있어요. 그 목표에 도달하기 위해 열심히 공부할 수밖에 없어요.

이상의 "왜?" 물음은 특수하고 부분적인 것이다. 다음의 "왜?" 물음은 보편적이며 근원적인 "왜?" 물음이다.

• 당신은 왜 살고 있습니까?

• 저 멀리 우뚝 솟은 산은 왜 존재합니까?

이제 다시 라이프니츠의 "왜 세계는 없지 않고 있는가?"의 물음으로 되돌아가보자. 내가 오랫동안 이 물음을 외면했던 이유는 "왜 세계가 없지 않고"라는 구절이 나를 혼란스럽게 만들었기 때문이다. 그냥 "왜 세계가 존재하는가?"라고 처음부터 간단명료하게 물었다면 "아하, 라이프니츠는 세계 사물의 존재 근거를 묻고 있구나"라고 생각했을 것이다. 긴 시간이 흐른 후에야 라이프니츠가 말한 "왜 세계가 없지 않고"라는 구절은 "왜 세계가 존재하는가?"라는 물음을 강조하기 위한 역할을 담당한다는 사실을 깨닫게 되었다.

아리스토텔레스는 존재자로서의 존재자, 곧 존재자 자체를 탐구하는 학문을 제일철학이라고 했다. 데카르트학파에 속하는 클라우베르크(Johannes Clauberg)는 아리스토텔레스의 제일철학(형이상학)을 존재론이라고 불렀다. 클라우베르크 이래로 세계(존재자)의 존재 방식과 아울러 세계의 근거 내지 원리를 연구하는 형이상학은 존재론으로 일컬어지기도 했다. 그러나 현대에 들어와서 하이데거는 전통적인 형이상학을 해체하고 존재자의 의미와 가치를 드러내는 '존재'에 관한 철학으로서의 존재론을 제시하려고 했다.

"세계는 왜 없지 않고 있는가?"는 "세계는 왜 존재하는가?"를 강조하는 물음으로서 "나의 존재 근거 내지 원리는 무엇인가?"와 동일한 의미를 가지고 있다. 세계의 존재 근거나 원리에 대한 물음은 결국 인식론적, 윤리적, 미학적 물음과 불가분의 관계를 가지고 제기될 경우에 비로소 설득력을 가질 수 있다.

자신만의 세계관을
정립한다

플라톤의 세계관은 이원론이고 그의 제자 아리스토텔레스의 세계관은 일원론이다. 플라톤은 세계를 두 가지로 나누어 보았다. 현실 세계는 늘 변화하는 현상계(現象界)다. 현상계는 마치 그림자와 같은 세계이고, 이 그림자를 생기게 하는 영원불변하는 원래의 모습인 원형(原型) 세계가 이데아계다.

사과의 예를 들어보자. 우리가 눈으로 보고 먹는 사과는 현상계의 사과다. 사과에는 홍옥도 있고 부사도 있으며, 가게에 진열된 사과도 있고 농장에서 익어가는 사과도 있다. 우리가 직접 만지고 보는 사과는 현상계의 사과다. 플라톤은 현상계의 사과를 사과이게끔 하는 영원불변하는 정신적 사과가 있다고 생각한다. 눈앞에 현실의 사과가 없더라도 "마트에 가서 사과 10개만 사 와라"라든가 "농장에서 탐스럽게 익어가는 사과를 그려보아라"라고 말하면 사과를 사 오기도 하고 또 그리기도 한다. 현실의 사과가 없더라도 불변하는 정신적 개념으로서의 사과, 곧 이데아로서의 사과가 원래 존재하기 때문에 그럴 수 있다는 것이 플라톤의 답이다.

플라톤의 제자인 아리스토텔레스는 현실의 사과는 참답게 존재하는 개별 사물이지만 영원불변하는 이데아 사과라는 것은 존재할 수 없다고 스승을 반박했다. 초월적인 이데아(사물의 원형)란 인간이 알 수 없는 것이기 때문이다. 아리스토텔레스는 스승 플라톤의 이원론을 부정하고 오직 현실의 개별 사물만 참답게 존재한다는 일원론을 주장했다. 플라톤보다 40세 이상 어린 아리스토텔레스는 17세 때 플라톤의 아카데미아에 들어가 오랫동안 플라톤에게서 가르침을 받았지만, 플라톤의 관념론적 이원론을 반박하고 일원론을 주장했다. 이런 사실은 철학이 비판 정신을 핵심으로 한다는 것을 반영한다.

"세계에 존재하는 사물이 어떻게 존재하며 그것의 근거나 원리가 무엇인가를 연구하는 철학의 분야는 형이상학이야. 예컨대 도가의 노자(老子)는 우주 만물의 근거 내지 원리를 도(道)라고 했어. 유교에서는 세계의 원리를 천(天)이라고 해. 기독교에서는 우주 창조자를 하나님이라고 하지.

잠깐 도가의 우주론을 살펴보자고. 도는 원리들 중의 원리이므로 태극(太極)이라고도 하고 태허(太虛)라고도 해. 세계 원리인 도를 어떤 표현으로도 나타내기 힘들기 때문에 태극이니 태허니 억지로 이름 붙인 것이겠지. 도로부터 음양의 이기(二氣)가 나오고 음양 이기로부터 수(水), 화(火), 목(木), 금(金), 토(土)의 오행(五行)이 생기고, 이 오행으로부터 세계의 만물이 탄생하게 되었다는 것이 바로 도가의 형이상학이야.

여러 가지 형이상학적 입장 중 대표적인 것으로 관념론, 유물론, 실재론, 실존주의 등을 들 수 있어. 현대에 들어와서는 형이상학의 특징을 살필 때 반(反)형이상학적 태도를 도외시할 수 없어. 최첨단 자연과학이나 사회과학에 의존하는 일부 현대 철학의 경향은 거대 담론으로서의 형이상학을 해체하려고 하기 때문이지."

여기에서는 관념론과 유물론을 아주 간략히 살피고 실재론, 실존주의, 반형이상학적 태도에서 나타나는 형이상학의 특징을 핵심적으로 살펴보기로 하자. 관념론과 유물론의 형이상학에 관해서는 다음 장에서 비교적 상세히 살펴볼 것이다. 세계의 근원 내지 원리를 물질로 보는 입장이 유물론이고, 우주 원리를 정신이라고 하는 견해는 관념론이다.

17세기 말 합리론 철학자 라이프니츠는 처음으로 관념론(Idelalismus)이라는 개념을 사용했다. 그는 플라톤을 관념론자(Idealist)로, 그리고 그리스 말 윤리-종교 시대의 철학자 에피쿠로스를 유물론자(Materialist)로 불렀다. 마르크스는 학위 논문 「데모크리토스와 에피쿠로스의 자연 철학의 차이」를 쓰면서 '물질적 생산 관계'의 토대를 마련했다.

상식적으로 우리는 관념론을 합리론과, 유물론을 경험론과 동일시하는 경향이 있다. 아주 틀린 생각은 아니지만 그와 같은 동일시는 근본적으로는 옳지 않다. 합리론과 경험론은 인식론의 입장이고 관념론과 유물론은 형이상학 내지 존재론의 견해이기 때문이다. 좀 더 자세히 말해 보기로 하자. 인간이 본래부터 가지고 있는 앎의 능력인 이성에 의해 대상을 안다고 주장하는 입장이 합리론이고, 인간에게는 이성과 같은 능력이 없고 오직 감각 경험에 의해서 대상을 안다고 하는 견해가 경험론이다.

세계 구성의 근원이나 원리가 정신이라고 하는 존재론의 입장이 관념론이고, 물질을 세계의 근거라고 주장하는 입장은 유물론이다. 플라톤이나 헤겔은 대표적인 관념론자이고, 데모크리토스, 에피쿠로스, 마르크스, 엥겔스 등은 대표적인 유물론자들이다. 내가 보기에 일상인들은 관념론과 유물론을 왔다 갔다 하기도 하고, 경우에 따라 양자 중 하나를 택하기도 한다. 그러나 일상생활에서 대부분의 일상인들은 '실천적 유물론자'의 입장을 택하는 것 같다. 대부분의 사람들은 먹고 마시고 성충동을 충족시키려는 3대 기본 욕망을 지니고 있고, 이런 기본 욕망은 물질적인 특징이 강하다.

그러나 인간은 문화의 창조자이자 피조물이기 때문에 일부는 유물론이나 관념론에 묶여 있어도 상당수의 사람들은 양자를 지양하고 다른 견해를 가질 수 있다.

서양 중세철학의 실재론은 실념론(realismus)이다. 아우구스티누스(Aurelius Augustinus), 안셀무스(Cantaberiensis Anselmus) 등은 플라톤의 이데아론 전통을 이어받아 "보편 개념은 실재한다"고 주장했다. 중세 기독교철학(스콜라철학)에서는 소위 보편논쟁이 장기간 지속됐다. "신이나 천사 등의 개념은 실재하는 관념인가, 아니면 한낱 바람소리와 같은 명칭에 불과한가?"라는 물음이 제기되었고, 이에 대해서 세 가지 답이 서로 다투었다.

세 가지 답은 입장에 따라 다음과 같이 나뉜다. ①실념론(실재론): 보편(개념)은 개별 사물에 앞선다. ②유명론: 개별 사물이 먼저 있고 나중에 개별 사물로부터 보편 개념이 만들어졌다. ③온건실념론(온건

실재론): 보편 개념은 개별 사물 안에 이미 들어 있다.

이 중 온건실념론의 대변자는 아퀴나스였다. 실념론은 근대에 와서 합리론으로, 유명론은 경험론으로 발달하게 되었다. 이는 실재론의 대상(사물)이 불변하게 함으로써 존재한다는 입장이다. 소박실재론, 존재론적 실재론, 인간학적 실재론 등은 모두 실재론에 속한다. 물론 이 실재론의 선구는 중세의 실념론이다. 실제적이며 관습적인 우리의 일상생활은 보통 소박실재론에 물들어 있다. 일상생활에서 우리는 외적 대상이 참답게 존재한다고 믿는다.

현대 독일철학자 하르트만(Nicolai Hartmann)은 존재론과 인식론을 구별하지 않고 존재론적 인식론 내지 인식론적 존재론을 주장하면서 자신의 형이상학을 존재론적(우주론적) 실재론이라고 불렀다. 그는 무기적 존재, 유기적 존재, 영혼 존재, 정신 존재 등 네 가지 핵심 층이 있다고 했는데, 이 층은 존재론적 실재론에 의해 알려진다고 했다.

인간학적 실재론은 프로이트(Sigmund Freud)나 셸러(Max Scheler)에 의해 대변된다. 프로이트는 실재하는 인간의 정신 과정의 근거를 충동이라는 에너지로 보았다. 셸러는 인간의 특징을 정신적 및 윤리적 본성에 있다고 보았다. 셸러는 현대의 철학적 인간학을 대변한다. 셸러에 의하면 인간은 정신 이하의 것으로부터 비약에 의해 인간의 본질인 정신에 도달할 수 있다. 셸러는 가톨릭의 영향 아래에서 정신적 인간이야말로 자신을 반성하고 성찰할 수 있는 실재로서의 존재라고 했다.

무어, 러셀, 화이트헤드(Alfred Whitehead) 등은 넓은 의미에서 신실재론자의 범주에 속한다. 이들은 현상 세계를 현상 세계이게끔 하는 '물리적 대상'으로서의 세계가 불변하게 존재한다고 주장한다. 이들은 다분히 자연과학과 칸트의 영향을 받았기 때문에 중세의 실재론(실념론)과 구분하기 위해서 신실재론으로 부른다.

인간은 어떤 앎의 이론을 주장하느냐에 따라서 각기 다른 생활습관과 문화를 창조해 나간다. 마찬가지로 세계(대상)에 대해 어떤 존재론적(형이상학적) 입장을 견지하느냐에 따라서도 인간과 사회를 어떻게 바라보는지 결정된다.

그러므로 유물론자는 종교를 부정하게 되고, 종교인은 관념론자이기 때문에 유물론을 주장하는 마르크스주의자가 될 수 없다. 또 실재론자나 신실재론자는 경험론자가 될 수 없으며, 철두철미한 경험론자는 존재론적 실재론자가 될 수 없다. 앎과 존재의 기초 및 방향 설정은 인간관과 사회관까지 지배하는 것이다.

물질과 정신 중
어느 것이 더 중요할까

우리는 마르크스가 대표적인 유물론자라고 알고 있다. 또 일상인들은 실천적인 생활에서 물질을 대변하는 돈을 추구하기 때문에 일상인들의 사물에 대한 태도를 강조하면서 일상인을 가리켜서 '실천적 유물론자'라고 부른다. 그러나 마르크스를 과연 형이상학적 유물론자라고 부를 수 있을까?

물론 마르크스가 물질적 생산 관계를 삶의 기초로 본 것은 사실이다. 그는 학위 논문에서 유물론을 옹호하긴 했어도, 물질이나 정신에 대한 철저한 인식론과 아울러 형이상학 내지 존재론을 전개하지는 않았다.

마르크스 철학의 이상은 인간의 평등, 자유 그리고 사회 정의가 실현되는 과학적 사회주의였다. 물론 사회주의란 사유 재산이 인정되지 않는 정치경제 체제다. 마르크스는 인간의 행복이란 물질적 욕망의 충족이라고 보았다. 마르크스에 의하면 생산력이 커질수록 자본가와 노동자의 빈부 격차가 극대화됨으로써 계급 사이에 갈등이 생겨나고 노동자 혁명이 일어난다. 결국 모든 인간이 평등하게 노동자가 되어 주체적 인간을 형성하는 사회주의 사회가 도래한다는 것이 마르크스의 희망 사항이었다. 그는 평등이 보장되는 과학적 사회주의는 자연적으로(생산력의 극대화와 계급 갈등의 결과로) 오지만, 과학적 사회주의 사회의 실현을 앞당기기 위한 과정으로서 공산당 독재가 필요하다고 보았다.

마르크스의 생전은 물론이고 그가 죽은 후에도 헐벗고 굶주리며 정치적으로 탄압받는 계층에게 사회주의 사상은 생명수와도 같은 복음이었다. 마르크스의 철학은 굳이 따진다면 정치경제철학이다. 처음부터 끝까지 그에게 있어서는 물질적 생산 관계가 현실적 삶의 근거였다. 그에게 있어서 인식론, 형이상학, 윤리학, 미학 등은 어디까지나 물질적 생산 관계를 바탕으로 삼아 설득력을 가질 수 있었다.

달리 말하자면, 마르크스는 경제적, 정치적인 현실 생활의 행복을 추구했기 때문에 마음의 여유를 가지고 문화의 본질을 이해할 수 없었을 뿐만 아니라 철학의 기본 분과인 인식론, 윤리학, 형이상학, 미학 등을 철저히 성찰하고 비판할 수 없었다.

"관념론에 관해 좀 상세히 말해 볼게. 유물론에 대립되는 것이 관념론이야. 아마도 대표적인 관념론이 헤겔의 변증법적 관념론일 거야. 플라톤은 처음으로 체계적 관념론을 제시한 철학자야. 플라톤은 선의 이데아만이 영원한 실재이고 현상 세계의 모든 사물들은 이데아의 그림자나 모사물에 지나지 않는다고 보았어. 어떤 경우 플라톤은 현상 세계의 모든 사물에는 이데아들이 참여하고 있다고도 주장했어.

중세 스콜라철학에서는 플라톤 관념론의 전통을 이어받아 세계의 사물은 신 안의 이데아를 본받아서 형성된 것으로 보았지. 그러나 근대에 들어와서 영원한 이데아는 보편적, 객관적 성격을 상실하게 되었어. 데카르트 등을 거치면서 이데아는 주관적 사유 대상이나 표상 또는 관념의 의미를 가지게 되었어. 예컨대 버클리(George Berkeley)는 주관적 관념론을 대변해. 버클리는 '존재하는 것은 지각된 것이다(esse est percipi)'라고 하면서, 사물은 머릿속으로 생각한 관념에 지나지 않는다고 했어.

그런데 극단적으로 주관적 관념론을 주장할 경우 유아론(唯我論)에 빠지게 돼. 즉, 유아론자는 '내가 생각하지 않으면 아무것도 존재할 수 없고 내가 없어지면 이 세계 자체가 무의미하고 공허한 거야'라고 궤변을 늘어놓을 수 있어. 헤겔의 관념론은 칸트 이후 피히테(Johan Gottlieb Fichte)와 셸링을 거치면서 완성되었지.

헤겔은 세계의 근거 내지 원리를 신적인 절대정신이라고 했어. 절대정신은 세계사를 통해 자연, 예술, 종교, 철학의 과정을 거치면서 자신을 의식, 자기의식, 이성으로 지양시켜. 절대정신은 셸링에게 있어서처럼 차별을 초월하지 않고 차별을 자신 안에 포함하면서 그것을 통일하는 구체적인 동일자야.

헤겔의 절대정신은 이념 자체야. 헤겔의 철학 체계는 논리학, 자연철학, 정신철학으로 구성되어 있어. 절대정신은 세계 원리로서 사고와 존재의 형식으로 전개되지. 그다음으로 정신은 시간, 공간의 관계를 통해 자연으로 전개되는 거야. 마지막으로 절대정신은 주관정신, 객관정신으로 전개되다가 철학의 절대 지식 단계에서 주관정신과 객관정신을 통일한 절대정신을 구현한다는 거야."

그리스 말기 플로티노스(Plotinos)와 아울러 쇼펜하우어나 베르그송 등도 역시 정신이나 마음에 힘을 세계 만물의 근원이라고 보았다. 이들도 관념론자의 범주에 들어간다고 할 수 있다. 그런데 최근에는 메를로퐁티, 들뢰즈(Gilles Deleuze), 프로이트 등에 의해 몸과 마음은 하나라는 생각이 지배적이다. 정신과 물질이 서로 질적으로 다른 것이 아니고 바로 "몸이 생각한다"라는 주장이 설득력을 가지게 되었다. 우리는 가능한 한 다원적이며 비판적인 입장에서 관념론과 유물론의 문제점을 살펴봄으로써 "몸이 생각한다"는 일원론적 다원론의 입장에 접근할 수 있다.

일상인은 실제적 내지 실천적 유물론의 입장에 익숙해져 있다. 막말로 물질적인 돈을 좋아하지 않는 사람이 없다고 할 때, 이 표현은 일상인이 실제적 유물론을 관습적으로 추종하고 있음을 잘 보여준다.

유물론은 세계 만물의 근원을 물질로 본다. 물질 상호 간의 운동을 어떻게 이해하는가에 따라 여러 가지 종류의 유물론이 성립하는데, 철학에서는 대개 기계론적 유물론과 변증법적 유물론으로 나눈다. 기계론적 유물론은 세계 만물의 근원이 되는 실재를 물질로 본다. 이 입장은 자연현상과 사회 그리고 인간의 정신현상이 물질의 기계적 운동에 의해 전개된다고 주장한다. 소크라테스 이전에 고대 그리스 자연철학 시대의 원자론자들(데모크리토스, 에피쿠로스 등)의 사고방식은 기계론적 유물론의 색채가 강하다.

라 메트리(Julien La Mettrie), 디드로(Denis Diderot), 돌바하(Paul D'Holbach), 엘베티우스(Claude-Adrien Helvetius) 등이 대변하는 18세

기 프랑스의 유물론적 계몽철학자들 역시 기계론적 유물론의 입장을 나타냈다. 이들은 인간을 역사적, 사회적, 문화적 관점에서 이해하려 하지 않고 오직 기계적 인과 관계에서만 파악하려 했다. 이들은 감각주의적 인식론의 입장에서 경험을 초월하는 신, 기적 및 전통의 권위 등을 모두 해체하려 했다. 극단적인 경우 프랑스의 유물론적 계몽철학자들은 감각적 주관주의 내지 개인주의에 빠져서 사태 전체를 종합적으로 통찰할 수 없었다.

19세기에 들어와서 포이에르바하(Ludwig Feuerbach)는 헤겔의 절대적 관념론을 반박하고 인간학적 유물론을 주장했다. 그는 "철학의 비밀은 신학이고, 신학의 비밀은 유물론적 인간학이다"라고 했다. 가장 거짓된 것이 철학이므로 철학을 제거하면 그 안에 신학이 있다는 것이다. 그러나 신학도 허구인 것이 드러나므로 신학을 제거하면 참다운 것으로 남는 것은 유물론적 인간학뿐이라고 주장했다.

마르크스와 엥겔스는 포이에르바하가 구체적인 정치, 경제 현실을 보지 못하고 여전히 추상적 개념만으로 유물론을 전개하고 있다고 비판했다. 그들은 변증법적 유물론을 확립했다. 기계론적 유물론에서는 물질이 불변하며 실재한다고 본다. 그러나 변증법적 유물론에서는 물질이 서로 갈등하고 통일되면서 변증법적으로 발전한다고 본다. 엥겔스는 『자연변증법(*Die Dialektik der Natur*)』에서 부정의 부정, 갈등의 통일, 양에서 질로의 변화 및 그 역(逆) 등을 변증법의 특징으로 보았다.

21세기의 우리는 학문과 사회는 물론이고 세계관마저 다원화되어 있다는 것을 잘 알고 있다. 이제 관념론이나 유물론의 폐쇄된 입장을 해체하고 다원주의적 관점에서 세계를 개방하지 않으면 안 된다.

자유롭고 주체적인
인간 존재를 위하여

현대 철학의 대부분의 경향은 반(反)헤겔 철학의 산물이라고 할 수 있다. 서양 철학의 흐름을 바라보고 있으면 매우 흥미로운 사실을 알 수 있다. 서양 철학은 여러 갈래의 크고 작은 강물로 흐르다가 거대한 호수로 합쳐지는가 하면, 다시 호수에서 흘러나와 크고 작은 강줄기를 만들면서 완전성과 절대성의 이념을 향해 도도하게 흘러가고 있다.

그리스의 로고스는 완전성을 뜻하고, 기독교의 피데스(fides, 신앙)는 절대성을 목표로 삼는다. 서양 문화나 문명의 목표는 어디까지나 완전성과 절대성이다. 자동차, 비행기, 컴퓨터 등은 완전하고 절대적인 기능을 소유하기 위해서 끊임없이 개선되고 있다. 여성은 물론이고 남성까지도 완전하고 절대적인 미모를 자랑하기 위해 성형외과를 기웃거린다. 소위 선진국의 의생명과학은 완전하고 절대적인 건강과 장수를 위해 의술의 발달과 복제 기술의 발달에 온갖 힘을 다 쏟아 붓고 있다.

현대 철학 중에서도 특히 실존주의 철학은 거대담론(grand discourse)을 해체하고 미세담론(petit discourse)을 전개하지만, 일상인의 현실을 지배하는 것은 여전히 거대담론이다. 간단히 말해 관념론이나 유물론과 같은 본질철학은 거대담론이고, 포스트모더니즘과 프랑크푸르트학파의 신마르크스주의 등은 미세담론이다.

거대담론은 대부분의 전통철학을 지칭한다. 거대담론은 결정론, 독단론 등의 특징을 가진다. 포퍼(Karl Popper)와 같은 철학자는 『열린사회와 그 적들(*The Open Society and Its Enemies*)』에서 대표적인 적으로 플라톤, 헤겔, 마르크스 3인을 꼽는다. 플라톤의 이데아, 헤겔의 절대정신, 마르크스의 변증법적 유물론은 결정론적이며 독단론적인 세계 근원이자 원리다. 이들의 사고방식은 여지가 없이 꽉 닫혀 있다. 그래서 포퍼는 이들 세 사람을 열린사회의 대표적인 적들이라고 지칭했던 것이다.

이미 쇼펜하우어는 『의지와 표상으로서의 세계(*Die Welt als Wille und Vorstellung*)』에서 헤겔 철학을 맹공격했다. 대체적인 내용을 소개하면 다음과 같다.

"헤겔은 관념론 철학을 종합했다. 헤겔의 관념론 철학을 먼 곳에서 바라보면 그것은 너무 크고 위대해서 감히 고개를 들어 정면으로 보기가 힘들 정도다. 그러나 점점 가까이 다가가서 자세히 들여다보면 그것은 거대한 고무풍선에 지나지 않는다는 사실을 즉시 알 수 있다. 헤겔의 관념론 철학은 작은 바늘로 한 번 찌르면 터져버리고 마는 속 빈 풍선에 불과하다."

쇼펜하우어는 말할 것도 없고 키르케고르(Sren Aabye Kierkegaard), 마르크스, 니체 등은 모두 헤겔의 관념론 철학을 해체하고 각자의 창조적인 철학하기를 전개한 사상가들이다. 특히 실존주의 철학자들은 헤겔 철학을 비롯해서 소위 본질철학을 해체하고 실존철학을 정립하고자 했다.

일반적으로 실존주의는 형이상학을 반대하고 인간의 본질보다 실존을 탐구하고 해명하려 한다. 어떤 사람은 실존주의를 유신론적 실존주의와 무신론적 실존주의로 구분한다. 키르케고르, 마르셀(Gabriel Marcel), 야스퍼스(Karl Jaspers)는 유신론적 실존주의자이고, 니체, 하이데거, 사르트르(Jean Paul Sartre)는 무신론적 실존주의자에 속한다는 것이다. 이런 견해가 전적으로 틀린 것은 아니지만, 니체와 하이데거의 사상을 단지 실존주의로 낙인찍는 것은 무리가 있다. 니체 철학은 실존주의적이면서도 생철학과 해체주의의 특징도 강하다. 하이데거의 사상은 실존주의적이면서도 해석학, 현상학, 존재론 등의 특징을 함께 포함하고 있다.

"자유로운 주체적 결단에 의해서 자신의 삶을 영위하는 인간 존재야말로 실존이야. 키르케고르는 『이것이냐 저것이냐(*Enten-Eller*)』에서 미적 실존, 윤리적 실존, 종교적 실존에 대해 논의하고 있어. 미적 실존에서 윤리적 실존으로의 이행은 헤겔의 양적 변증법에서처럼 자동적으로 이루어지지 않아. 키르케고르는 자신의 변증법을 질적 변증법이라고 불렀어.

미적 실존으로부터 윤리적 실존으로의 이행은 비약이야. 인간 주체의 자유로운 자기 결단이 없다면 성적 쾌락으로부터 윤리적 의무와 책임으로의 비약이 불가능하지. 미적 실존은 남녀간의 성적 쾌락을 즐기면서 그것에 빠져 있는 인간이야. 윤리적 실존은 결혼생활을 통해서 사랑의 의무와 책임을 다하는 인간 존재이고.

키르케고르가 비록 종교철학적인 논의를 전개했더라도 처음부터 끝까지 기독교 목사였어. 그는 20대 초반에 목사 안수를 받은 후 베를린 대학에 가서 셸링과 헤겔의 철학 강의를 조금 듣다가 귀국해서 쉬지 않고 전도하고 저술에 몰두했어. 키르케고르는 길거리에서 복음을 전도하다가 42세의 젊은 나이에 죽은 것으로 알려져 있어.

키르케고르는 레기네 올젠과 약혼 후 계속 고민에 빠져 있었어. '나는 나 한 사람도 제대로 책임질 수 없어. 레기네 올젠과 결혼하면 또 한 사람을 책임져야 해. 나는 도저히 능력이 없어. 결혼해서 나 이외의 또 한 사람 인격체를 책임질 것인가, 아니면 파혼할 것인가?' 이렇게 잠 못 이루며 고민하던 키르케고르는 결국 레기네 올젠에게 파혼을 선언하고 베를린으로 훌쩍 떠나버렸어.

그다음 이야기에서는 너무나도 인간적인 키르케고르를 엿볼 수 있지. 베를린에서 셸링, 헤겔 등 세계적인 독일 관념론 철학자들의 강의를 듣던 키르케고르는 지나치게 형이상학적이며 보편적이고 추상적인 셸링, 헤겔의 관념론 철학에 싫증을 느끼고 있었어. 마침 고향 덴마크의 코펜하겐으로부터 편지가 왔지. 내용은 레기네 올젠이 다른 남자와 결혼하기로 했다는 것이었어. 키르케고르는 '이건 아니야. 정말 이건 아니야. 내가 레기네 올젠에게 잘못한 거야'라고 중얼거리면서 허겁지겁 코펜하겐으로 향했지. 19세기 초에는 베를린에서 코펜하겐까지의 교통수단이 그다지 좋지 않았으므로 키르케고르가 고향까지 가는 데는 3~4일이 걸렸어. 그가 고향에 도착했을 때는 레기네 올젠의 결혼식이 이미 성대하게 치러진 뒤였어.

키르케고르는 『이것이냐 저것이냐』에서 이렇게 고뇌하고 있어. '사랑해 보아라. 인생은 괴롭다. 사랑하는 이를 보고 싶어 고통스럽고, 연인끼리 서로 수시로 상처를 주기 때문에 괴롭다. 사랑하지 말아보아라. 그래도 인생은 괴롭다. 청춘 남녀가 연인도 없이 홀로 매일을 살면서 밥해 먹고 빨래하고…… 사랑하든, 하지 않든 간에 인생은 괴롭다.' 키르케고르는 결혼하든, 하지 않든 간에 인간은 사랑의 경우처럼 괴로울 수밖에 없다고 주장해.

미적 실존의 성적 쾌감은 권태와 불쾌를 가져오고, 윤리적 실존의 의무, 책임, 사랑은 끝내 삶의 좌절을 맛보게 해. 인간은 삶의 한계 상황 앞에서 절망한다는 거지. 키르케고르가 말하는 절망은 하느님에 대한 신앙이 없는 상태야. 『죽음에 이르는 병(*Krankheit zum Tode*)』에서 병은 바로 절망이야. 절망은 하느님을 믿지 않는 상태지. 절망을 극복할 수 있는 유일한 방법은 비약이야. 비약은 인격 주체로서의 인간이 자유롭게 자신의 삶을 결단하는 순간에 비로소 가능한 거야."

인간이 허무와 좌절에 빠져 있는 이유는 초월적인 하느님을 믿지 않기 때문이다. 하느님에 대한 신앙이 자유의 뿌리라는 것이 키르케고르의 신념이다. 신앙을 가질 때 인간은 자유로운 존재일 수 있다. 자신의 삶을 선택하고 결단할 수 있기 때문이다. 키르케고르에게 중요한 것은 세계의 합리적 체계도 아니고 정신의 본질적 범주도 아니다. 그에게는 현실적으로 자신의 삶을 선택하고 결단하는 자유로운 인간 주체, 곧 실존이 무엇보다도 중요하다.

사르트르는 "실존은 본질에 앞선다"라고 했다. 사르트르 역시 자유롭게 행동하며 자신의 삶을 결단하는 인간 주체를 실존이라고 한다. 그는 주체적 인간의 끊임없는 좌절을 극복하기 위해서 현실 참여(engagement)를 강조했다.

실존주의는 형이상학을 거부하지만, 현대 철학의 경향 중 형이상학을 가장 심하게 거부하는 입장은 논리실증주의다. 논리실증주의는 형이상학을 거부하면서 현실 탐구는 자연과학이 해야 한다고 주장한다. 형이상학적 명제는 수학적인 동의어 반복도 아니고 검증의 대상도 아니므로 무의미하다는 것이 논리실증주의의 주장이다.

4
장

정의로운 사회에 선한 내가 있다

우주 자연을 지배하는
절대 가치

태조 이성계가 명나라의 도움을 받아서 조선을 세운 후, 명나라의 기본적인 형법전(刑法典)인 대명률(大明律)의 상당 부분을 도입해서 실행했다. 예컨대 칠거지악(七去之惡), 삼불거(三不去), 삼종지도(三從之道) 등은 고려시대에는 존재하지 않았던 유교의 절대 가치에 해당한다.

조선시대에는 문중(門中)에서 어른들이 의논해서 아내를 내칠 수 있는 일곱 가지 근거가 있었다. 아내는 그중 한 가지만 범해도 시집으로부터 쫓겨났다. 불순구고(不順舅姑, 시부모에게 순종하지 않는 것), 무자(無子, 자식을 낳지 못하는 것), 음행(淫行, 행실이 음탕한 것), 질투(嫉妬, 시기와 질투가 심한 것), 악질(惡疾, 고약한 질병이 있는 것), 구설(口舌, 말썽이 많은 것), 도절(盜竊, 도둑질하는 것) 중 하나만 범해도 문중에서 쫓겨난 것이다. 그러나 아내를 구제하기 위한 삼불거도 있었다.

아내가 칠거지악을 범할 경우 이혼당하여 시집에서 쫓겨났지만, 오도 가도 못하고 거처할 곳이 없을 때는 당장 내쳐서는 안 되었다. 또 부모의 삼년상을 같이 치렀으면 아내를 내쫓지 못했다. 장가갈 때는 가난했지만 아내의 내조가 큰 도움이 되어 후에 부귀하게 되었다면 아내를 내칠 수 없었다. 그러나 삼불거는 거의 효력이 없었고 칠거지악이 절대 가치로 행세했다.

삼종지도 역시 칠거지악처럼 절대 가치로 여겨졌다. 여자들이 평생 동안 지켜야만 할 도리 내지 절대 가치가 세 가지 있는데, 그것을 삼종지도라고 했다. 시집가지 않고 부모 밑에 있을 때는 반드시 아버지의 뜻을 따라야만 했다. 일단 시집가면 출가외인이 되어 지아비(남편)의 뜻에 절대로 복종해야 했다. 남편이 세상을 떠난 후에는 아들의 뜻을 따라야만 하는 것이 여자의 도리였다.

"조선시대의 남존여비 사상은 너무 지나쳤어. 남녀칠세부동석이라고 해서 어릴 때부터 남녀가 같은 자리에 있지 못하게 했어. 양가집 아녀자들은 문밖으로 나갈 수 없기 때문에 마당에서 널뛰기를 하면서 바깥 구경을 했다는 거야.

꽤 오래전에 오경(五經) 중의 하나인 『예경(禮經)』을 읽다가 깜짝 놀란 적이 있어. 유교의 예의범절의 근거가 바로 『예경』이야. 글쎄, 우리가 알고 있는 남존여비 사상이 『예경』에 고스란히 담겨 있지 뭐야. 상을 당했을 때, 여자는 아버지 또는 지아비 아니면 아들이 죽었는지에 따라 옷고름을 다르게 매지 않으면 안 되었어. 또 지아비가 신발을

벗고 방에 들어서면 아내는 우선 지아비의 신발을 가지런히 놓아야 해. 다음으로 아내는 지아비가 앉을 자리를 미리 가늠하고 방석을 놓아야만 했어. 그 이외에도 여자가 지켜야 할 자질구레한 예의범절이 여러 가지 있었는데, 지금은 기억이 가물가물해.

한편 절대 가치는 사람들을 쉽사리 사로잡아. 조선시대의 조상 숭배를 위한 제사, 삼년상, 칠거지악, 삼종지도 등은 모두 절대 가치의 표현이야. 절대 가치는 다른 한편으로 인격 주체로서의 인간을 보장해주기도 해. 의지의 자유, 선, 도덕 법칙 등을 절대 가치로 주장한다면 인간은 주체적인 인격 존재가 되지. 그러나 문제는 무엇을 근거로 절대 가치를 주장할 수 있느냐는 것이지. 절대 가치가 단순한 가설이가나 막연한 신념이라면 그것은 결국 희망 사항으로 끝나고 말아.

대부분의 절대 가치는 사회 지배자의 통치 수단으로 이용되거나 사회질서를 유지하기 위한 방편으로 제시된 경우가 많은 게 사실이야.”

“형이상학적 윤리학을 대변하는 철학자들로는 플라톤, 아리스토텔레스, 스피노자 등이 있어. 이들은 세계의 불변하는 근거나 원리가 있다고 주장해. 세계 원리로부터 윤리학적 진리(가치)를 추론할 수 있다고 믿는 것이 형이상학적 윤리학자의 태도야.

플라톤에 의하면 이성이 감각 충동을 지배할 때 영혼은 영원한 이데아 세계로 되돌아갈 수 있어. 플라톤은 피타고라스학파의 영향을 받아서 영혼윤회설(metempsychosis)의 입장을 취하고 있어. 만일 이성이 감각 충동을 지배하지 못해서 영혼이 순수한 이데아 세계에 도달하지 못할 경우 영혼은 인간의 육체 안에 머물면서 방황하지 않으면 안 된다는 것이 영혼윤회설이야. 영혼윤회를 벗어날 수 있는 최선의 행동은 철학하기지.

영혼의 능력을 최대한 발휘해야만 지혜에 대한 사랑, 곧 철학이 가능해. 영혼의 능력은 세 가지야. 이성은 머리에 자리 잡고 있는 사고 능력이고, 감정은 가슴에 자리 잡고 있는 정서 능력이며, 욕망은 배에 위치한 욕구 능력이지. 이성의 절정은 지혜이고, 정서의 절정은 용기이며, 욕망의 절정은 절제야. 지혜는 용기와 절제를 지배하기도 하고 동시에 규제하기도 해. 지혜, 용기, 절제는 영혼의 윤리적 덕이야.

플라톤은 『국가론』에서 다섯 가지 정치 제도를 열거하고 이상적인 정치 제도는 왕정이라고 했어. 나머지 네 가지는 금권정치, 과두정치, 민주정치, 독재정치야. 왕정의 정점에 있는 왕은 지혜의 덕목을 충분히 가지고 국가의 정의를 실현할 의무가 있어. 정의는 지혜, 용기, 절제 등 세 덕목을 합친 최고의 덕목으로서 선의 이데아를 실현할 수 있고. 플라톤의 최고의 가치는 선의 이데아라고 할 수 있지. 선의 이데아는 절대 가치야."

"아리스토텔레스는 스승인 플라톤과는 달리 현실적인 사상가라고 할 수 있어. 그에게 있어서 덕스러운 삶의 궁극적인 목적은 행복이야. 덕이란 행동의 중용을 유지시켜 주는 윤리적 가치야. 관대함, 용기, 정의 등은 모두 덕에 속해. 아리스토텔레스는 덕을 실천적 덕과 이론적 덕으로 구분했어.

아리스토텔레스의 윤리학은 칸트와 전혀 달라. 아리스토텔레스는 지혜를 최고의 덕으로 보았기 때문에 그에게 있어서는 이론적 덕 내지 능동적인 이성이 실천적 덕보다 우선해. 쉽게 말하자면 우선 알고 난 다음에 행동할 수 있다는 거지. 칸트의 경우 이론이성은 자연 법칙만 아

는 능력이고 실천이성은 도덕적 가치를 실현하는 능력이야. 아리스토
텔레스와 칸트는 서로 이성을 질적으로 다르게 생각한 것이 사실이야."

"스피노자 역시 절대 가치를 제시했어. 스피노자는 최상의 쾌락은
신에 대한 정신적 사랑에서 생긴다고 했지. 신은 불변하는 실체이면서
도 자연이야. 신을 직관하여 자기보존에 충실할 때, 인간은 신을 정신
적으로 사랑함으로써 관용과 관대함을 소유할 수 있다는 거지.

인간은 신에 대한 정신적 사랑을 통해 불쾌함의 정서를 극복할 수
있어. 스피노자의 범신론적 입장을 이해한다면 신에 대한 정신적 사랑
은 인간의 정서이면서 동시에 신의 유일한 정서야. 스피노자가 강조하
는 신에 대한 정신적 사랑은 절대 가치인 것이지.

칸트는 또 다른 입장에서 절대 가치를 주장해. 플라톤, 아리스토텔
레스, 스피노자는 형이상학적 윤리설의 대변자인 데 비해 칸트는 직관
적 윤리설의 대변자야. 칸트에 의하면 우리 인간은 누구나 직관적으로
알 수 있는 도덕 법칙을 본래부터 소유하고 있어.

『실천이성비판』에서 칸트는 '그대는 할 수 있다. 왜냐하면 마땅히 행
해야만 하기 때문이다'라고 했어. 누구나 소유한 도덕 법칙은 최상의
도덕적 원칙이야. 칸트의 도덕 법칙은 다음처럼 표현되지. '그대의 의
지의 준칙(準則, Maxim)이 동시에 보편적 입법 원리로서 항상 타당할
수 있도록 행동하라.' 도덕 법칙은 실천 방식으로서 의지의 자유를 보
장하는데, '그대는 마땅히 해야만 하기 때문이다'라는 도덕 법칙을 가
리키지. 그리고 '그대는 할 수 있다'는 것은 바로 의지의 자유를 가리
켜. 칸트에 의하면 도덕 법칙에 대한 존경으로서의 의무감으로 인해
도덕 법칙을 실천적으로 따른다는 거지. 자유의지는 선한 의지야. 이

렇게 보면 칸트는 유가의 맹자와 마찬가지로 성선설(性善說)의 입장에
서 있는 것이 분명해."

고전 윤리학에서 형이상학적 윤리학과 직관적 윤리학은 절대 가치
를 주장하지만 자연주의적 윤리학은 절대 가치에 대해 의심하면서 비
판적 입장을 제시한다. 현대에 들어와서 우리는 첨단 개별 과학의 발
달과 함께 다원적인 철학하기에 익숙해져 있다. 이런 입장에서 절대
가치를 비판적인 관점에서 다루지 않을 수 없다.

사실과
가치의 구분

하이데거에 의하면 철학자에는 두 종류가 있는데, 하나는 '전문가(Fachmann)'이고 다른 하나는 '사상가(Denker)'이다. 대학의 철학교수는 대부분 전문가 그룹에 속한다. 예컨대 칸트 철학을 전공한 교수는 일생 동안 앵무새처럼 칸트 철학을 외우고 그것을 학생들에게 가르친다. 이런 전문가의 시초는 고대 그리스의 궤변철학자(소피스트)다.

"기원전 5세기 소크라테스가 살았을 때는 이미 그리스가 말기에 접어들었고 정치적으로 혼란했어. 지식층의 사람들은 경제적 및 정치적인 권력을 얻기 위해 수단과 방법을 가리지 않게 되었는데, 그러한 경향을 가진 대표적인 지식층이 소피스트야. 그들은 청년들에게 처세술과 기타 지식을 가르치고 돈을 받았어. 그러나 소크라테스는 참다운 지식으로서의 지혜는 타인에게 배워서 얻는 것이 아니고 젊은이들이 스스로 잉태하고 출산하는 것이라고 했지. 소크라테스는 자신이 단지 산파 역할만 담당할 뿐이고 지혜를 직접 산출하는 것은 젊은이들이므로 자신은 돈을 받을 이유가 없다고 했어. 그래서 소크라테스의 철학 방법론은 산파술이라고 일컬어져. 소크라테스의 모친은 산파였고 어린 시절부터 소크라테스는 어머니가 임산부들을 도와서 출산하는 것을 많이 봤을 거야. 소크라테스는 지식을 팔고 돈 받는 자들을 가리켜서 소피스트라고 불렀어. 그러나 자기 자신은 소피스트와 질적으로 달리 지혜를 사랑하는 자, 곧 철학자라고 말했지.

윤리학적 관점에서 볼 때 소크라테스의 행위야말로 올바른 행위라고 할 수 있어. 행위란 행위하는 사람이 비판적으로, 그리고 선택적으로 가치를 판단하면서 수행하는 행동이야. 다시 말해서 윤리적 행위는 자유의지와 책임이 동반되는 행동이지."

선과 악(또는 옳음과 그름)을 따지고 구분하는 판단을 일컬어서 윤리적 판단이라고 한다. 앞에서 잠시 살펴봤지만 가치에는 참, 거짓에 관한 앎의 가치(인식론적 또는 논리학적 가치), 선과 악에 관한 윤리적 가치 그리고 미와 추에 관한 미적 가치 등 세 가지가 있다. 그리고 윤리적 가치를 근거로 윤리적 판단이 가능하다.

일반적으로 우리는 가치 판단을 사실 판단과 대비되는 것으로 생각한다. 자연과학과 윤리학의 방법론을 비교해 보면 사실 판단과 윤리적 가치 판단이 어떻게 다른지 명백하게 알 수 있다.

다음의 판단을 살펴보자.

- 국회의원 선거가 끝난 지 벌써 4개월이 지났어.

- 지금 나는 30킬로그램이 넘는 배낭을 메고 설악산 정상을 향해 등산하고 있어.

- 나는 지금 커피 전문점에 앉아서 애인을 기다리면서 『철학의 오솔길』이라는 철학 입문서를 읽고 있는 중이야.

위의 판단을 자세히 살펴보면 각각 시간, 무게 및 장소(중간)에 관한 판단이라는 것을 알 수 있다. 무게, 시간, 공간에 관한 판단은 사실 판단이다. 자연과학의 판단은 사실 판단이다. 사실 판단은 앎의 가치(인식론적 내지 논리적 가치)와는 긴밀한 관계를 가진다. 그러나 사실 판단은 미적 가치 및 윤리적 가치와는 거리가 멀다.

자연과학의 방법론은 기술적이지만, 윤리학의 방법론은 규범적이다. 자연과학은 사실을 그대로 기록하지만, 윤리학은 행위의 규범(예컨대 선을 내용으로 가지는 의무, 자유의지 등)에 관해 따져 묻는다. 물론 사실 판단과 윤리적 가치 판단이 혼합되어 있는 경우도 있을 수 있다.

예컨대 화재가 발생한 공장 안에 있는 인부들을 10분 안에 구출해야만 살릴 수 있는데도 밖에 있는 사람들이 서로 논의하고 119에 늦게 연락하는 바람에 인부들을 모두 구출하지 못하는 경우가 있다. 또 중·고등학교에서 학생이 선생님에게 지나치게 불손한 행동을 했을 때 선생님이 흥분해서 학생을 체벌하는 경우가 있다. 공장 화재와 학생 체벌의 경우 특정한 상황은 윤리적 의미를 가질 수 있다. 위의 경우에서는 사실과 가치가 혼합되어 있어서 자연과학적 사실과 윤리적 가치를 구분하기 힘들다. 그러나 자연과학은 사실의 존재를, 그리고 윤리학은 행동의 당위를 탐구한다는 것을 알면 위의 경우에서도 사실과 가치를 명확하게 구분할 수 있을 것이다.

구체적으로 가치를 탐구하는 주요 학문으로 윤리학, 논리학(인식론), 미학 등이 있으며, 이외에도 경제학, 법학, 종교학 등도 특정한 가치를 연구한다. 물론 경제학은 효율성의 가치를, 법학은 정의의 가치를, 그리고 종교학은 신앙이라는 가치를 연구한다.

"자연 사실을 탐구하는 자연과학의 방법으로는 베이컨의 귀납법, 에이어의 검증이론, 포퍼의 가설이론 또는 반증이론을 들 수 있어. 이들의 자연과학 방법론은 다음과 같은 내용이야. 우선 해당 재료 내지 소재를 수집하고 관찰해야 해. 다음으로 재료나 소재를 설명하기 위한 가설을 만들어야 해. 이 가설로부터 귀납하거나 연역하여 결론을 도출할 필요가 있어. 다음으로는 결론을 검증함으로써 애초에 세운 가설의 타당성을 검사해야 해.

그러나 윤리학은 인격 주체의 책임과 자유를 동반하는 행위에 관한 가치의 학문이므로 사실을 다루는 자연과학과는 다른 학문일 수밖에 없어. 자연적 사실은 대상 그리고 대상의 관계인 사태의 존재야. 그런가 하면 가치는 자유의지와 의무, 책임, 선, 정의, 행복 등 인격 주체의 존재 의미지. 그래서 사실과 가치는 엄연히 구분되며, 또 당연히 구분되지 않으면 안 된다고 주장해."

그런데 현대에 들어와서 논리실증주의자 중 일부는 윤리학이 과학적이지 않으면 안 된다거나, 과학적 방법론을 반드시 사용해야 한다고 주장한다. 이들 역시 윤리학은 인간의 도덕 판단을 내용으로 삼아야 한다고 말한다. 그러나 이들은 도덕 판단의 내용은 어디까지나 경험적으로 관찰되고 기술되어야 한다고 주장한다. 간단히 말해, 과학적 윤리학을 주장하는 사람들은 윤리학의 주장이 경험적으로 검사 가능해야 하고 동시에 검증 가능해야 한다고 말한다.

이제 문제 상황에 직면한다. 윤리학은 사실을 도외시한 가치 내지 당위의 학문인가? 자연적 사실과 윤리적 가치는 분명히 서로 다르다. 그렇지만 가치는 사실을 완전히 떠나서 홀로 존립할 수 없다. 따라서 우리는 윤리학을 다음과 같이 정의할 수 있다. "윤리학은 사실의 문제를 포함하는 당위의 학문이다." 설악산을 지질학의 차원에서 관측하거나 한강을 지리학적 차원에서 연구하는 것은 분명히 자연 사실을 기술하는 태도다. 그렇지만 조금만 깊이 생각해 보면 설악산 관측이나 한강 연구의 기초에는 연구자의 신념이 깔려 있다. 인간의 신념은 언제나 인간의 선이나 행복과 불가분의 관계를 맺고 있다.

현대를 살아가는 우리는 이론적 학문은 어디까지나 실천을 위한 것임은 알고 있으면서도 습관적으로 이론을 위한 이론에 매달리기 쉽다. 나는 여러 곳에서 현대 사회를 디지털-사이버 후기 자본주의 사회라고 말했다. 현대 사회는 사실상 보드리야르가 말한 대로 상징, 기호, 부호 등이 지배하고 있으며, 인간은 욕망의 기계로 전락해 버렸다.

인간의 자기성찰, 자기반성 및 자기비판은 망각의 늪에 가라앉아버렸고, 욕망의 기계로 전락한 인간은 방향감각을 상실한 채 오직 욕망 충족만을 위해서 허덕이고 있다. 마르크스는 이론철학을 실천철학으로 대치할 것을 역설하면서 "지금까지 철학은 세계를 해석하기만 했다. 중요한 것은 세계를 변화시키는 것이다"라고 주장했다.

현대인은 스스로 최대한 욕망을 충족하기 위해 디지털-사이버 후기 자본주의 사회를 형성했다. 현대인은 자유, 책임, 정의 등을 망각하고 최대한의 욕망 충족을 행복으로 착각하고 있다. 이 시점에서 인격 주체로서의 인간을 회복하기 위해서는 "사실을 포함하는 당위의 학문으로서의 윤리학"을 되살리지 않으면 안 된다. 인간 존재란 가치 지향적인 인격 주체일 때 비로소 문화 창조자가 될 수 있기 때문이다.

선한 행동이
필요한 이유

일상생활에서 우리는 물음의 홍수에 떠밀리면서 살아가고 있다. 선과 악에 관한 문제, 개인의 책임과 권리에 관한 문제, 사회적 활동에 관한 문제는 한시도 우리를 떠나지 않는다. 앞에서 제시한 문제는 분명히 윤리적 문제다.

자연이 인간을 만들어낸 것은 사실이다. 그러나 언제부터인가 인간은 언어를 사용하면서 역사와 사회, 문화를 창조하는 주인공이 되었다. 동시에 인간은 역사, 사회, 문화 등에 의해 창조되는 존재가 되었다. 하이데거는 "언어는 존재의 집이다"라고 말했다. 우리는 언어가 사실에 대한 앎뿐만 아니라 가치 표현에 있어서도 중요한 의미를 가진다는 점을 잘 알고 있다. 좀 더 자세히 말하면, 인간은 문화를 창조하면서 학문과 예술 그리고 도덕과 종교의 가치 창조에 역점을 둔다. 인간은 그와 같은 가치 창조에 의해 재창조되는 존재다.

학문의 가치는 앎의 가치인데, 그것은 진리다. 학문은 우선 허위를 가려내고 진리를 드러냄으로써 앎의 가치를 제공한다. 예술의 가치는 아름다움이다. 예술은 추함을 아름다움으로 승화시킨다. 도덕과 종교는 악을 제거하고 선을 제시하거나 아니면 악을 선으로 지양한다.

"철학의 분과인 인식론, 형이상학, 미학, 논리학, 철학사 등이 모두 중요하지만, 내가 보기에 철학에서 가장 중요한 분과는 뭐니 뭐니 해도 역시 윤리학이야. 물론 철학의 기본 분과들이 불가분의 관계를 맺고 있는 것이 사실이야. 그렇긴 해도 철학의 시작은 윤리학이고 끝도 윤리학이야. 왜 그런지 묻는다면 내 답은 단순해. '인간은 어디까지나 공동 존재이고 사회적 존재이므로 선하게 행동해야 하기 때문'이라서야."

일반적으로 윤리학은 행위(행동)의 옳음과 그름을 판단하는 기준에 관한 비판적 연구로 이해되고 있다. 더 간단히 말하자면, 윤리학이란 선한 행동과 악한 행동을 판단하는 기준에 관한 연구다. 영국 근대의 자본주의 경제학자 애덤 스미스(Adam Smith)는 윤리학 교수였다. 플라톤, 아리스토텔레스는 물론이고 중세 철학자들과 근대 철학자들까지도 오늘날 사회과학의 범주에 속한다고 보는 정치학, 법학, 경제학 등을 윤리학으로 여겼던 것 같다. 사회과학은 실천적 학문이었기 때문이다.

윤리학은 행동의 가치를 연구한다. 앞에서도 잠깐 언급했지만 우리는 앎의 가치와 행동의 가치를 구분하지 않으면 안 된다. 앎의 가치는 이론적 가치이지만, 행동의 가치는 실천적 가치다. 예술적 가치는 미적 가치로서, 앎이나 행동의 가치와는 또 다르다.

　"이론과 실천을 구분하고 이론보다 실천이 고귀하다고 한 철학자는 칸트야. 칸트의 대표적인 저술은 『순수이성비판』, 『판단력 비판』으로, 자연법칙을 연구하는 인간의 능력은 이론이성이야. 자연 대상 내지 자연 세계를 지배하는 것은 인과율이고. 특정한 원인에서는 항상 특정한 결과가 따라 나온다는 것이 바로 인과 법칙이지.

　자연 대상과 아울러 인과 법칙을 아는 인간의 인식 능력이 어떤 것이고 인식 능력은 어떻게 해서 대상에 관한 표상과 아울러 개념을 형성해서 결국 앎의 완성이 어떻게 이루어지는가를 따지는 것이 『순수이성비판』의 내용이야. 칸트에 의하면 우리는 이론이성으로써 대상을 안다는 거지. 예컨대 '5＋7＝12'라는 것을 계산하고 따지는 이론이성에 의해 안다는 거야. 그러나 신체 장애인을 부축한다든가 빈곤층에게 기부하는 행동은 수학적으로 계산해서 되는 일이 아니야.

　칸트는 이미 이론이성, 곧 형식적이자 수학적인, 따지고 분별하는 앎의 능력이 제한적이라는 점을 잘 알고 있었어. 그래서 그는 윤리, 도덕적인 실천이성이 이론이성의 위에 자리 잡고 있다고 말했던 거야. 칸트 이후 니체를 비롯해서 키르케고르 그리고 프랑크푸르트학파의 철학자들과 프랑스 해체주의 철학자들은 한결같이 이론이성의 한계와 아울러 문제점을 비판적 관점에서 명백히 지적했어. 마르크스와 프로이트 역시 형식적인 이론이성의 한계를 신랄하게 비판했고. 마르크스에 의하면 현실적인 사회적 삶의 기초는 정신적 이론이성이 아니고 물질적인 생산 관계야. 프로이트에 의하면 인간의 마음의 기초는 이론이성적인 자아가 아니고 무의식적인 충동이었지.

니체는 소크라테스주의, 곧 합리주의의 결과는 허무주의이며 퇴폐주의라고 했어. 이론이성이 주도한 결과 인류의 도덕은 노예 도덕으로 굳어버렸고 창조성을 아예 상실했다는 거지. 니체는 힘에의 의지, 초인, 예술가-철학자 등을 외치면서 긍정적이고 창조적인 문명의 구축을 제안했어. 그런가 하면 말년의 프로이트는 에로스(사랑의 충동)에 의해 공동체 사회가 구성되어야 한다고 주장했지."

보드리야르와 같은 프랑스 사회학자는 이론이성이 만들어놓은 사회 속에서 절규하면서 다음처럼 신음하고 있다. "이론이성은 모든 것을 상징과 부호로 만들어놓았다. 생동하는 삶은 이미 사라져버린 지 오래다. 컴퓨터 칩의 기호, 상징, 부호는 인간의 삶을 통째로 조종하고 있다. 예컨대 도시 한구석에 대형 백화점이 생기면 교통, 땅값, 사람들의 구매 형태, 행정 등은 모두 백화점이라는 부호에 따라서 일사분란하게 변화하게 마련이다. 현대인과 현대 사회는 완전히 허무주의에 물들어 있다. 현대 사회는 죽음(상징과 기호와 부호)이 지배하고 있다. 해결책이 있는가? 아마도 해결책은 존재하지 않는 것 같다." 나 나름대로 보드리야르의 외침을 요약해 보면 이러하다.

물론 보드리야르의 지적은 극단적이지만, 요새 남녀노소들이 때와 장소를 가리지 않고 스마트폰과 컴퓨터를 떠나지 못하면서 인터넷의 기호와 부호에 조종당하는 것을 보면 보드리야르의 절규가 전혀 근거 없다고 말할 수는 없다. 그렇지만 죽은 사회를 되살리고 허무주의를 해체하기 위해서라도 윤리학을 되짚어볼 필요가 있다. 상징과 부호의 죽은 사회는 이론이성의 산물이고, 이론이성을 해체하고 뛰어넘을 수 있는 것은 실천이성이기 때문이다. 윤리학은 실천적 행동의 기준에 관한 학문이고, 실천적 행동이 가능한 것은 바로 실천이성 때문이다.

실천이성을 바탕으로 삼는 행동은 자발적 행동이다. 윤리, 도덕적 행동은 어디까지나 자발적 행동이다. 태풍, 해일, 지진, 가뭄, 홍수 등은 인간이 자발적으로 조종할 수 있는 사태가 아니다. 따라서 그 앞에서의 인간의 행동은 윤리적이라고 할 수 없다. 또한 정신분열증 환자, 마약중독자 등의 활동도 윤리적, 도덕적인 검열과는 무관하기 때문에 그러한 활동 역시 윤리학의 대상이 될 수 없다. 그러므로 '자신의 행동에 책임을 지고 자신의 행동이 선한지, 악한지를 판단할 수 있는 자발적 의식의 소유자인 인간'을 윤리적 인간이라고 말할 수 있다.

"윤리학은 보통 고전 윤리학과 현대 윤리학으로 구분되지. 고전 윤리학은 윤리학적 절대론이야. 고전 윤리학은 형이상학적 윤리학, 자연주의적 윤리학, 직관적 윤리학으로 나뉘어. 형이상학적 윤리학은 가치 근거나 원리로서 불변하는 선이 있다고 보지. 자연주의적 윤리학은 경험 세계에서 가치의 기준인 의무나 선이 생긴다고 해. 직관적 윤리학은 인간에게는 직관적으로 알 수 있는 도덕 법칙이 있다고 하지.

현대 윤리학은 윤리학이라고 부르기에는 문제가 좀 있어. 메타윤리학 내지 초(超)윤리학이 현대 윤리학이야. 현대의 메타윤리학은 선, 악, 의무, 도덕 법칙 등 고전 윤리학에서 취급하는 개념이 의미가 있는지 여부를 따져. 예컨대 선은 수학적이지도 않고 자연과학적인 검증 대상도 아니므로 철학적 연구의 대상이 되지 않는다는 것이 선에 관한 메타윤리학의 입장이야.

메타윤리학은 고전 윤리학과 입장이 전혀 달라. 자연과학의 방법론을 사용해서 종래의 윤리적 개념을 검토해 보려는 시도라고 할 수 있어. 비록 현대 윤리학의 입장은 충분히 이해하지만 우리는 사회에서 당연히 선하게 행동하지 않으면 안 된다고 주장할 수 있어. 선한 삶과 행동은 우리가 창조한 문화가 우리에게 보여줄 수 있는 최선의 방향 설정이기 때문이야."

상대적 가치인 선

플라톤의 선의 이데아, 칸트의 도덕 법칙, 헤겔의 절대정신 등은 모두 윤리적인 절대 가치의 기준이다. 이들은 모두 불변하는 절대적 선이 존재한다고 확신한다. 이론적으로는 얼마든지 불변하는 절대 가치로서의 선을 설명하고 주장할 수 있다. 그러나 현실 세계에서도 일관성 있게 절대 선의 존재를 주장할 수 있을지 의심하지 않을 수 없다.

보통 거짓말은 좋지 않다고 생각된다. 그런데 심한 독감으로 고생하는 사람에게 소화제밖에 없어서 소화제를 아주 좋은 감기약이라고 속이고 먹였는데 효과를 보았다면 이런 속임수는 악한 행위인가, 아니면 선한 행위인가? 일상생활에서 자신의 이익을 위해 타인을 죽인다면 그 사람은 살인죄를 범했으므로 극형에 처한다. 그러나 전쟁터에서는 적군을 많이 죽일수록 영웅 대접을 받으며 훈장까지 받는다.

독일과 일본은 세계대전을 일으키고 헤아릴 수 없는 인명을 살상했다. 그러나 지금 독일과 일본은 소위 선진국이랍시고 앞장서서 문화를 창조한다느니 인류를 구원한다느니, 선한 행동의 모범을 보여주고 있다. 이런 상황을 보면 절대 가치에 대해 회의하지 않을 수 없다.

일반적으로 관념론자나 합리론자는 절대 가치(절대 선)를 주장하지만, 경험론자들은 상대 가치를 주장한다. 가치의 기준은 경험적 관습이고, 따라서 가치는 상대적이라고 주장하는 대표적인 입장이 자연주의적 윤리학이다. 자연주의적 윤리학은 크게 기계론적 자연주의, 실용주의, 도구주의 등 세 경향으로 구분된다.

"홉스(Thomas Hobbes)가 주장한 기계론적 자연주의 윤리학의 요점을 이야기할게. 17세기의 홉스는 종교(기독교)와 철학을 각각 독립된 영역으로 생각했어. 종교는 경험을 초월한 신앙 세계에 관계하지만, 철학은 경험 가능한 대상만 탐구한다는 거야. 철학의 대상은 자연적 물체와 인위적 물체가 있어. 물론 자연 사물은 자연적 물체이고 국가는 인위적 물체지. 홉스가 말하는 철학은 물체에 대한 합리적 탐구야.

홉스의 윤리학은 도덕, 법, 국가 등에 관한 학문인데, 기계론적 자연주의의 원리를 바탕으로 삼고 있어. 홉스는 유물론자이자 철저한 경험론자야. 기계론적 자연주의의 원리는 경험에서 생기고 또 경험에 의해 보증돼. 인간은 자연적 욕구와 아울러 이성적 통찰 두 가지를 본성으로 가지고 있어. 그러면 이성적 통찰은 경험과 상관없는 것이 아니냐는 질문이 생길 수 있는데, 홉스가 말하는 이성이란 자연적 이성이야. 즉, 홉스의 이성은 소위 합리론자들이 말하는 것과 같은 영원불변하는 보편이성이 아니라는 거지.

인간의 자연적 욕구와 자연적 이성은 경험에 따라 공동체 사회와 아울러 국가를 형성해. 결국 자연적 욕구와 자연적 이성은 인간의 자기 자신에 대한 관심이면서 안전하고 쾌락한 삶에 대한 인간의 이기주의적 추구라는 거야. 자연의 모든 현상은 물론이고 인간의 삶의 현상은 모두 자연법에 의해 역학적으로 진행되는 운동 과정이야. 신체와 불가분의 관계를 맺고 있는 인간의 심리 현상도 원자의 역학 운동을 기초로 삼고 있어. 그러니까 홉스는 순수한 정신적 영혼과 같은 개념을 인정하지 않아.

인간은 본래부터 벌이나 개미처럼 사회적 동물이 아니야. 인간이란 처음부터 자기보존을 위한 충동에 충실한 물질적 존재일 뿐이지. 자연 상태의 인간은 자연적 이기주의를 따르는 존재야. 자연 상태의 인간은 이기적으로 자기보존 충동에 충실하기 때문에 서로 무자비하게 투쟁해. 그래서 홉스는 자연 상태의 인간의 특징을 가리켜서 ‘만인에 대한 만인의 전쟁(bellum omnium contra omnes)’, ‘인간은 모든 인간에 대해 늑대(homo homini lupus)’라고 했어.

자연 상태가 지속되면 선은 소멸되고 결국 악이 인간 존재와 사회를 소멸시키게 되지. 중국의 순자(荀子)의 성악설(性惡說)처럼 홉스 역시 성악설의 입장에서 인간의 자연 상태를 악으로 규정했다고 볼 수 있어. 홉스는 무자비한 전쟁을 방지하고 공동체 사회의 선을 보장하기 위해 정서와 이성에 의해 자연 상태를 변화시키지 않으면 안 된다고 주장해. 말하자면 사회계약론의 시발점을 제시한 거야. 홉스가 말하는 정서나 이성은 모두 자연적인 것이야.

정서는 우선 죽음에 대한 불안이고, 다음으로는 노동에 의해 쾌적함을 얻으려 추구하는 거야. 이성은 인간관계에서 가능한 한 평화가 유지되지 않으면 안 된다는 이성의 기록(dictamen rationis)을 제시해. 갈등과 전쟁을 방지하고 안전과 평화를 보장하기 위해 인간 사이에 계약이 성립하고 결국 인위적 물체로서 국가가 형성되는 거지.

그렇다면 국가의 본질적 과제는 무엇일까? 그것은 국가 구성원들의 평화와 안전이야. 국가가 절대권력을 가져야 구성원들의 평화와 안전을 보장할 수 있어. 계약에는 구성원들이 자기들의 권리를 왕에게 양도하는 내용도 포함되지 않으면 안 되지. 그래서 홉스는 절대군주제를 주장했어. 이러한 절대군주제는 물론 독재 내지 전제적인 왕정이 아니야. 홉스가 주장한 절대군주제는 대의민주제를 포함하는 군주제라고 할 수 있을 거야. 그래서 홉스의 절대군주제는 당시 왕권주의자들의 지지를 받았어.

홉스에 의하면 본래적인 인간의 자연 상태는 선하지도 악하지도 않아. 그러나 자연 상태가 오래가면 투쟁이 심해지고 악이 만연하게 되지. 계약에 의해 일단 국가가 형성되면 국가는 실천적 공동생활을 영위하지 않으면 안 돼. 그래서 국가는 구성원들을 위해 선과 악, 정의와 불의 등을 규정해야 해. 국가의 법은 시민의 양심이 되는 거야. 홉스는 『리바이어던(Leviathan)』에서 국가를 거대한 기계적 생물체인 리바이어던에 비유하고 있어. 그리고 절대군주는 국가의 영혼이고, 구성원의 충고는 국가의 기억이고, 관리는 국가의 손과 발이며, 구성원의 일치는 국가의 건강이고, 구성원의 불일치는 국가의 질병이라고 했어. 홉스의 윤리학은 철두철미하게 경험을 바탕으로 삼은 기계론적 자연주의의 윤리학이야."

앞에서 자연주의적 윤리학이 절대 가치를 주장하는 고전 윤리학과는 성격이 다르며, 자연주의적 윤리학은 기계론적 자연주의 윤리학, 실용주의, 도구주의 등으로 나뉜다고 말했다. 그런데 실용주의는 퍼스(Charles Peirce), 제임스, 듀이 등이 대변하는 미국의 현대 철학으로, 이들은 조금씩 다른 실용주의를 주장하고 있다.

퍼스는 실용주의의 창시자로 알려져 있는데, 그가 처음 말한 실용주의(pragmatism)는 제임스나 듀이의 실용주의와는 현저하게 다른 개념이다. 그는 흄의 경험론과 칸트의 비판적 인식론을 종합하여 실용주의라는 명칭을 만들었다. 퍼스에 의하면 범주를 비롯해서 모든 개념은 경험에서 생기는 한에서 타당성을 가질 수 있다.

범주와 개념은 증가하는 경험과 함께 변하며, 인간의 행동에 대해 유용성이 있는 한 가치를 가진다. 퍼스에 뒤이어 제임스는 실용성에 초점을 맞추고, 실용성만 가지면 진리라고 주장했다. 이런 극단적인 주장에 반대해서 퍼스는 자신의 사상을 프래그머티즘(실용주의)과 구분하기 위해 프래그머티시즘(pragmaticism)이라고 불렀다.

제임스는 모든 개념을 경험 개념으로 보고 인식이나 윤리의 원리 역시 경험에서 생긴다고 본다. 제임스에 의하면 인간의 판단이란 삶을 촉진시키며 삶에 유용할 경우에만 참다울 수 있다. 도덕이나 종교도 인간의 삶에 유용할 경우에만 참답다. 제임스는 신의 존재에 관해서도 전형적으로 미국식인, 극단적인 실용주의적 관점에서 다음처럼 말했다.

"신이 있다고 믿는 것이 나에게 유용하면 신은 존재하는 것이고, 반면에 신이 없다고 믿는 것이 나에게 유용하다면 신은 존재하지 않는 것이다."

즉, 제임스는 윤리적 선에 관해서도 실용주의적 관점을 내세운다.

듀이 역시 퍼스, 제임스와 함께 미국의 실용주의를 대변하는 철학자로 알려져 있다. 그러나 듀이는 퍼스, 제임스 등의 실용주의와 자신의 사상을 구분하기 위해서 자기의 사상을 도구주의(instrumentalism) 또는 자연주의적 실재론(naturalistic realism)이라고 부른다. 듀이는 관념이 경험의 작용에서 생긴다고 한다. 그는 사회적 관점에 무게를 두었고, 헤겔 변증법과 다윈의 진화론에 크게 영향받았다.

듀이는 제임스와 마찬가지로 인식과 도덕의 문제는 삶의 실용성에 의해 결정된다고 본다. 그러나 듀이는 제임스와 달리 모든 개념은 지식이고, 지식은 사회 진보와 철학에 기여할 수 있는 도구라고 한다. 철학의 과제는 더 완전한 현실적 인간을 교육하는 데 있으므로 듀이의 도구주의는 교육철학에 큰 비중을 둔다.

따라서 사회 진보에 기여하는 행동은 모두 도구다. 선, 양심, 의무, 정의 등 윤리적 개념도 역시 사회 진보에 기여하는 실용적 도구다. 실용주의 윤리학이나 도구주의 윤리학 모두 삶의 유용성과 효용성을 강조하는 미국식의 윤리학이다. 그러나 제임스나 듀이의 윤리학은 지나치게 상대주의적인 색채가 강하다. 따라서 인간의 윤리적 행동의 기초가 보장될 수 있는 인격 주체의 근거에 대한 탐구가 필요하다.

인간의 본래적
선의지

내가 생각하기에 일반적으로 사람들은 성선설을 따르는 경향이 강하며 인간이라면 누구나 불변하는 양심을 가지고 있다고 믿는다.

"옛날에 어떤 살인범이 도끼로 17명이나 잔인하게 살인했대. 이런 인간은 정말 인간이기를 포기한 살인마야. 그러나 그를 그토록 잔인하게 만든 것은 성장기의 환경과 사회야. 태어날 때부터 살인마로 태어나는 인간은 없어. 만일 이 살인마가 화목한 가정에서 태어나서 부모의 사랑을 듬뿍 받을 수 있었다면 그는 성장해서 사회를 위해 다양하게 기여하는 훌륭한 인재가 되었을 거야. 나는 인간의 본성은 순수하고 선하다고 생각해. 어린애들의 티 없이 맑은 눈빛을 보면 인간의 본성이 선하다는 것은 너무나도 확실해."

"맞아, 맹모삼천(孟母三遷)에서 알 수 있는 것처럼 인간의 마음은 순수하고 선해서 변하고 상처받기 쉬운 거야. 태어날 때부터 악한 사람은 이 세상에 하나도 없어. 맹모삼천이 뭐냐고? 맹자는 어려서부터 편모슬하에서 자랐던 것 같아. 그런데 맹자의 어머니는 맹자의 교육을 위해서 세 번이나 집을 옮겼다는 거야.

제일 처음에 맹자는 장례식장 근처에 살았대. 맹자는 매일 '아이고, 아이고' 곡을 하면서 장례식 흉내를 냈어. 어머니는 아이 교육을 위해서 도저히 안 되겠다고 생각하고 시장 근처로 이사했대. 그랬더니 이번에는 맹자가 하루도 빠지지 않고 장사꾼 흉내를 내는 것이었어. 어머니는 이것도 안 되겠다고 생각하고 서당 근처로 이사했지. 그러자 맹자는 매일 서당에 가서 어깨 너머로 글공부를 하기 시작했대. 이것이 바로 맹모삼천이야. 이렇듯 사람의 마음은 주변 환경에 민감하게 영향받는다는 사실을 알 수 있어. 더 나아가서 인간의 마음은 순수하고 선하기 때문에 조금만 외부의 영향을 받아도 변하기 쉽다는 것을 잘 알 수 있지."

불변하는 양심, 곧 도덕 법칙이 본래부터 인간에게 있으며, 직관에 의해 도덕 법칙을 알 수 있다는 직관주의적 윤리학을 주장한 대표적인 인물이 독일 계몽철학자 칸트다. 칸트의 3대 비판서는 『순수이성비판』, 『실천이성비판』, 『판단력 비판』이다. 이들 3대 비판서는 인식론, 윤리학, 미학과 형이상학을 연구 내용으로 삼고 있다고 알려져 있다. 칸트는 『순수이성비판』에서 인식 능력, 인식의 한계, 보편적 인식의 근거 등을 따진다. 결국 이론이성은 자연 법칙을 연구하는 한계가 있을 수밖에 없다.

그러나 실천이성은 도덕적 내지 윤리적 행위를 취급한다. 『실천이성비판』의 '실천이성의 분석론'에서 칸트는 다음의 세 가지 문제를 집중적으로 연구한다. ①의지는 어떻게 규정될 수 있는가? ②의지의 어떤 규정 근거가 도덕적으로 타당할 수 있는가? ③의지의 규정 근거는 의지의 자유를 바탕으로 삼는가?

의지는 자유의지이고, 자유의지를 내용으로 삼는 윤리 법칙이 바로 '도덕 법칙'이다. 칸트에 의하면 개별적 자아가 구성하는 도덕적 윤리적 원칙은 준칙이다. 다음의 예들은 모두 개별적 인간의 준칙을 표현한다.

"우리 옆집에는 노부모님을 모시고 사는 중년 부부가 있어. 자식들은 아직 초등학교와 중학교에 다니고 있고, 노부모는 병치레가 잦아. 게다가 중년 부부는 배운 것도, 기술도 별로 없어서인지 일용 근로자로 일하느라 벌이가 시원치 않아. 나도 부자는 아니지만 그래도 형편이 옆집보다 훨씬 낫기 때문에 기회 있을 때마다 음식을 주고 있어."

"나는 매달 3만 원씩 이웃돕기 자선단체에 기부해 왔어. 그런데 얼마 전 텔레비전에서 아프리카의 난민 어린이들을 돕자는 캠페인을 보고 내가 너무 호화롭게 사는 것 같아서 자선단체에 매달 2만 원을 더 기부하기로 결심했어. 월급이 그다지 넉넉하진 않아도 먹고사는 데 큰 문제가 없어. 나보다 사정이 못해도 많은 액수를 기부하는 사람들도 상당수 있다는 것을 잘 알고 있어. 나는 사람들의 선한 마음이 조금이라도 살 만한 사회 구성에 보탬이 되기를 바라."

"나는 몇 달 전부터 경제적으로 힘든 독거노인들 돕기와 장애인들을 도와주는 봉사활동에 참여하고 있어. 물론 2주일에 한 번씩 청소해 주고 목욕시키느라 힘들지만, 보람을 느끼기 때문에 피곤함을 모르고 일할 수 있어."

칸트의 말에 의하면 이와 같은 개인적 윤리, 도덕 행동의 원칙은 준칙에 해당한다. 준칙은 개인의 주관적인 도덕 원칙이다. 가정은 물론이고 학교나 직장 등 공동체 안에서 행동할 때 각 개인은 각자 나름대로의 도덕적 기준을 가지고 행동하게 마련이다. 칸트에 의하면 준칙은 의지의 타율에 의존한다. 말하자면 남들이 다 그렇게 행동하니까 나도 그렇게 한다는 것이다. 준칙은 외적 사태에 의존하고 자발성, 곧 순수 의지가 결여되어 있다.

"내가 칸트의 불변하는 보편적 도덕 법칙에 관해 좀 더 자세히 말해볼게. 칸트는 준칙을 가리켜서 제약적 가언명법(假言命法)이라고 하고, 도덕 법칙을 무제약적 정언명법(定言命法)이라고 해. 무슨 말이냐고? 우선 각각의 개인은 상황에 따라 남들이 하는 대로 행동해. 이때의 윤리 기준은 주관적이며 관습적인 준칙이야. 준칙은 제약적 가언명법이라는 거지. 제약적이라고 하는 것은 모든 사람에게 보편적으로 통용되지 않고 특정 개인에게만 통하기 때문이야. 가언명법은 논리학에서 말하는 가언명제에 해당해.

논리학의 명제에는 정언명제(定言命題), 가언명제(假言命題), 선언명제(選言命題)가 있는데 그 예는 다음과 같아."

정언명제

- 인간은 동물이다.
- 『철학의 오솔길』은 철학 입문서다.

가언명제

- 장마철이 오면 습기가 많아진다.
- 철학을 공부하면 지혜로워진다.

선언명제

- 『철학의 오솔길』은 철학 입문서이거나 철학 전문서다.
- 사람은 남자이거나 여자다.

준칙을 일컬어서 가언명법이라고 한 것은 개인이나 상황에 따라서, 즉 이러이러한 사람이 행동하면, 그리고 이러이러한 상황이 되면 사람과 경우에 따라 도덕 기준으로서의 준칙이 주관적으로 바뀌기 때문이다. 우리는 타율에 의한 도덕 원칙을 준칙이라고 부르지만, 자율에 근거를 마련해 주는 원칙은 도덕 법칙이라고 부른다.

칸트는 인간이면 누구나 무제약적 정언명법으로서의 도덕 법칙을 가지고 있다고 주장한다. 무제약적이란 보편적이라는 뜻이다. 정언명법은 가언명법이나 선언명법과 달리 주어가, 곧 도덕 원칙이 결정되어 있다는 것이다. 칸트는 최상의 도덕 원칙인 도덕 법칙이 다음과 같다고 한다. "그대의 의지의 준칙이 동시에 보편적 입법 원리로서 항상 타당할 수 있도록 행동하라." 도덕 법칙은 인간 누구에게나 보편 필연적이기 때문에 도덕 법칙을 어길 경우 사람들은 예외 없이 자기비난과 양심의 고통을 면하기 어렵다는 것이다.

도덕 법칙은 자신의 내용인 의지의 자유를 보장한다. "그대는 할 수 있다. 왜냐하면 그대는 당연히 해야만 하기 때문이다." 인간의 마음에 본래부터 도덕 법칙이 있기 때문에 인간은 자신이 결정한 행동을 행할 수 있다는 것이다. 그런데 도덕 법칙에 따라서 우리를 행동하게 하는 것은 도덕 법칙에 대한 존경인 의무 감정이다. 자유의지와 의무 감정은 도덕 법칙과 불가분의 관계에 있다.

인간은 도덕 법칙에 따르면 덕스럽게 살며, 행동의 경향에 따라서는 행복한 삶을 추구할 수 있다. 칸트는 덕과 행복의 통일을 최상의 덕으로 여긴다. 인간 존재가 무한히 노력할 경우 그는 도덕 법칙에 따라 선한 삶을 이끌어나갈 수 있다. 칸트에 의하면 인간이 행복하기 위해서는 영혼불멸이 필요하며, 세계와 영혼의 원천으로서 신의 존재가 필요하다. 칸트는 실천적으로 이상적인 개념으로 의지의 자유, 영혼불멸, 신이라는 세 가지를 꼽는다.

실천이성이 취급하는 범위는 이론이성이 다루는 범위보다 훨씬 넓다. 이론이성은 단지 자연 법칙만을 연구하지만, 실천이성은 의지의 자유, 영혼, 신 등의 문제를 탐구한다. 따라서 '이론이성에 대한 실천이성의 우위'가 증명된다.

칸트와 같은 직관주의적 윤리학자는 도덕 법칙과 자유의지(선의지) 등이 인간에게 본래부터 불변하게 존재한다고 확신한다. 그러나 현대에 들어와서 다원주의적 윤리학, 특히 응용윤리학(환경윤리학, 생명윤리학 등)이 발달하면서 절대 가치의 윤리학은 점차 빛이 바래졌다.

윤리학은
학문의 대상일 수 있을까

얼마 전까지만 해도 양심은 보편 필연적으로 선한 가치의 척도로 여겨졌다. 그러나 프로이트가 양심을 무의식적인 초자아의 일부로 해명한 이후, 양심은 도덕적 가치를 상실하게 되었다. 옳음과 그름의 잣대로 여겨지는 양심에 관한 말을 들으면 누구나 가슴이 뜨끔했던 기억을 가지고 있다.

"당신은 정말 양심이 비뚤어졌어요. 양심이 올바른 사람이라면 자식이 외지에 나가서 끼니도 잇지 못하고 병에 시달리면서도 식구들을 먹여 살리겠다고 발버둥치는데 남의 집 불구경하듯 처다보기만 할 수 있어요? 참으로 당신의 양심이 의심스럽네요."

"나는 하루에 한 번씩 양심에 부끄러운 일을 하지 않았는지 반성하고 있어요. 꽤 오래되었어요. 그래서 그런지 몰라도 제아무리 작은 행동이라도 하루에 한 가지 선행하는 습관이 몸에 붙었어요. 매일 작은 행복을 느끼면서 살아가는 재미가 쏠쏠하답니다."

정신분석학자인 프로이트는 정신 과정을 의식 과정과 무의식 과정으로 나누었는데, 의식 과정은 이성적인 자아로서 자아는 한 인간이 현실에 대처하는 능력이다. 그런가 하면 무의식과정은 초자아와 리비도다. 리비도는 원천적인 성(性) 충동 내지 생명의 충동이고, 초자아는 인간이 영유아기 때 부모에게서 무의식적으로 받아들인 도덕 교훈과 주변의 윤리 지침이다. 초자아의 대부분이 양심인데, 초자아의 유래나 성격을 모르고 인간이 본래부터 가지고 있는 불변하는 윤리, 도덕의 기준을 양심으로 알고 있다는 것이 프로이트의 해명이다.

형이상학적 윤리학, 직관주의적 윤리학의 대부분은 절대 가치를 주장한다. 또 자연주의적 윤리학자 중 일부도 절대 가치를 주장한다. 정신분석학의 입장에서 보자면 최고 선, 의지의 자유, 신의 존재, 의무, 정의 등 종래의 절대 가치들은 본래부터 인간의 마음에 존재하는 것일 수 없고, 인간의 성장 과정 및 역사와 환경에 의해 만들어진 것임이 분명하다.

아리스토텔레스 이래로 철학은 존재의 학(學)과 당위의 학으로 나뉘어 발전해 왔다. 존재의 학은 사실의 학이고, 당위의 학은 가치의 학이다. 전통적으로 윤리학은 가치에 관한 학이었다. 그러나 20세기 이후 자연과학이나 수리논리의 방법론을 따르는 논리실증주의, 기호논리학, 행동주의심리학 등이 출현했다. 이 경향은 고전적 윤리학과는 달리 절대 가치를 인정하지 않는다. 17세기에 이미 윤리적 상대주의와 윤리적 회의론이 싹트기 시작했고, 흄의 시인설(是認說, approval theory), 콩트의 실증주의, 다윈의 진화론 등이 윤리적 회의론 및 상대주의를 대변한다.

최근 영미에서는 응용윤리학에 속하는 상황윤리학, 의생명윤리학, 생태윤리학 등이 발달하여 고전 윤리학의 절대 가치를 부정한다. 사회, 정치, 경제, 문화, 환경 등의 상황에 따라서 가치관이 상대적으로 변화한다는 것이 상황윤리학의 입장이다. 의생명윤리학에서는 낙태, 안락사, 장기 이식, 신장 투석, 동성연애, 마약, 알코올 의존증 등에 관한 가치를 논의한다.

그런데 기호논리학적 언어분석철학의 영향을 받은 소위 메타윤리학(meta-ethic, 곧 분석윤리학)에서는 고전 윤리학의 개념을 분석하는 것을 주요 과제로 삼는다. 분석윤리학(또는 초[超]윤리학)은 고전적인 당위의 학으로서 윤리학이 학문으로서 정당하게 성립할 수 있는지 여부를 검토한다. 따라서 분석윤리학은 고전 윤리학처럼 절대 가치 자체를 논의하지 않는다.

일상언어학파의 철학자인 에이어는 동의어 반복과 검증 가능성의 원리를 기준으로 삼고 이 두 원칙을 충족시키는 문장만이 철학적이라고 했다. 따라서 그는 데카르트의 "나는 생각한다. 그러므로 나는 존재한다"나 하이데거의 "언어는 존재의 집이다"와 같은 문장은 철학적 문장이 아니라 상상의 산물인 시(詩)와 다를 것 없다고 말한다.

에이어는 철학 언어란 우선 수학, 논리적으로 타당한 동의어 반복이라야 한다고 주장한다. 예컨대 '5+7=12'라든가 "모든 사람은 죽는다. 공자는 사람이다. 그러므로 공자도 죽는다"와 같은 명제는 참답다. 다음으로 "비가 오면 땅이 젖는다", "밥을 많이 먹으면 배가 부르다" 등의 명제 역시 관찰이나 실험에 의해 참답다. 위의 두 명제는 검증 가능성의 원리(principle of verifiability)를 충족시킨다.

그런가 하면 '5+7=6', "모든 사람은 죽는다. 이순신은 사람이다. 그러므로 이순신은 죽지 않는다" 등의 명제는 거짓이다. 또 "비가 많이 오면 땅이 마른다", "밥을 많이 먹을수록 배가 고프다" 등의 명제 역시 거짓이다. 소위 분석철학자를 비롯해 에이어와 같은 철학자는 참과 거짓을 가릴 수 있는 명제를 의미 있는 명제라고 한다. 그래서 의미 있는 명제만이 철학적 명제가 될 수 있다는 것이다.

현대 윤리학에서 소위 정서주의(emotivism)를 대변하는 윤리학은 메타윤리학(분석윤리학 또는 초윤리학)이다. 일상언어학파의 윤리설과 정서주의는 윤리학의 부정적 인지이론에 속하는 대표적인 입장이다. 이들 두 입장은 말하자면 고전 윤리학의 개념이 결코 철학적 개념일 수 없다고 한다.

윤리학이 학문(철학)으로서 성립할 수 있는지 여부에 대해 현대의 메타윤리학은 일반적으로 다음의 세 가지 입장을 보여준다. ①윤리학은 학문으로 성립할 수 있다. 이 입장을 대변하는 학자들로는 직관주의적 윤리설을 옹호하는 무어와 로스(Willam Ross), 자연주의적 윤리설을 지지하는 페리(Ralph Perry)와 듀이를 들 수 있다. ②윤리학은 학문으로 성립할 수 없다. 이 입장을 지지하는 사람들은 카르나프(Rudolf Carnap)와 에이어 등이다. ③학문의 개념을 넓은 의미로 이해한다면 윤리학도 충분히 학문으로 성립할 수 있다. 이 입장을 옹호하는 학자들은 스티븐슨(Charles Stevenson)과 헤어(Richard Hare) 등이다.

나는 앞에서 메타윤리학은 고전 윤리학과 아울러 고전 윤리학의 절대 가치를 부정한다고 말했다. 그러나 정서주의의 메타윤리학은 위에서 살펴본 것처럼 세 가지 입장이 있고, 윤리학을 학문에서 전적으로 배제시키는 것은 두 번째 입장이다. 즉, 수리논리와 자연과학의 방법론에 충실할 경우 윤리학은 학문으로 성립할 수 없는 것이 당연하다.

무어는 일상언어학자이면서도 고전 윤리학에 대해 온건한 입장에서 윤리학이 학문으로 성립할 수 있다고 본다. 무어에 의하면 다음 세 가지 물음에 답하는 것이 윤리학의 과제다. 선은 무엇을 뜻하는가? 어떤 사물이 그 자체로서 선한가? 세상에 존재하는 것을 가능한 한 최선의 것으로 만들기 위해서 어떤 수단을 사용할 것인가?

무어에 의하면 윤리학의 중심 과제는 선의 정의(定義)를 묻는 것이다. 따라서 위의 세 가지 물음 중 첫 번째 물음에 답하는 것이 가장 중요하다. 무어는 선과 악의 가치에 대해 가치실재론의 입장을 취한다. 그리고 고전 윤리학에 속하는 형이상학적 윤리학과 자연주의적 윤리설은 경험적으로 좋은 것 내지 선한 것(good thing)을 선(goodness)으로 여기는 자연론적 오류(naturalistic fallacy)를 범하고 있다고 비판한다. 선과 악은 자연적, 경험적 사건이 아니고 초경험적 성질을 지니므로, 무어는 선과 악은 오직 직관에 의해서만 파악될 수 있다고 주장한다.

에이어나 카르나프는 윤리학이 학문으로서 성립할 수 없다는 견해를 대변한다. 이들은 동의어 반복과 검증 가능성의 원리라는 두 잣대를 가지고 수리논리와 자연과학의 방법론에 적절하지 못한 윤리학은 학문으로 성립할 수 없다고 완강하게 주장한다.

그런데 학문의 개념을 광범위하게 이해할 경우 윤리학도 학문으로 성립할 수 있다고 말하는 학자도 있다. 절충적 정서주의를 대변하는 스티븐슨과 영국 일상언어학자의 일원인 헤어는 윤리학도 충분히 학문으로서 성립할 수 있다고 본다.

최근에는 롤즈(John Rawls)나 하버마스(Jürgen Habermas) 등이 사회철학적 관점에서 고전 윤리학을 여러 각도에서 비판하면서 새로운 성격의 윤리학을 모색하고 있다. 이들은 평등과 분배 정의 등이 어떻게 윤리학적인 정당성을 가지는지를 비판적 관점에서 연구하고 있다. 또한 현대의 상황윤리학, 의생명윤리학 등 응용윤리학은 개별 학문과 밀접한 연관 관계를 가지고 현실적인 인간과 사회의 가치 문제를 탐구하고 있다.

가치는 개인, 상황, 역사, 문화, 사회 등의 변화에 따라 변하며, 긍정적이며 창조적인 방향을 추구할 때 비로소 인격 주체로서의 인간을 현실 사회에 구현할 수 있다.

5
장

아름다움의 법칙을
탐구하다

아름다움의
체험

미적인 것은 무엇을 의미하는지, 그리고 미적 대상을 어떻게 아는지 등을 탐구하는 것이 철학의 한 분과인 미학이다. 보통 우리는 미학과 예술철학을 똑같은 것으로 생각한다. 그러나 미학은 자연미와 예술미를 모두 탐구하지만, 예술철학은 예술미만을 연구 대상으로 삼기 때문에 미학은 예술철학을 포함한다고 볼 수 있다.

보통 철학이 무엇인지 물을 때 철학의 분과를 제시하면 철학이 어떤 학문인지 쉽게 알 수 있다. 철학의 기본 분과는 앎을 다루는 인식론, 행위의 선과 악을 취급하는 윤리학, 사물의 존재와 존재 원리를 연구하는 형이상학, 미적 체험과 미적 가치 등을 다루는 미학 등 네 가지다. 그러나 부차적으로 명제의 참과 거짓을 다루는 논리학과 철학자의 연구 결과를 논의하는 철학사를 철학의 분과로 여길 수 있다. 앞에서 말한 것처럼 미학은 예술철학을 포함하며 자연미와 예술미를 모두 취급하지만, 일반적으로 미학 역시 예술미 연구에 초점을 맞추고 있으므로 여기에서는 미학과 예술철학을 동일한 의미로 사용하고자 한다.

흔히 예술평론(비평)과 미학을 혼동하는 경향이 있다. 요새는 다양한 분야에서 평론가라는 말을 자주 들을 수 있다. 문학평론가, 미술평론가, 음악평론가, 영화평론가, 독서평론가, 문화평론가 등 평론가들이 많기도 하다. 보통 예술비평은 특정 형태나 장르의 예술 작품을 대상으로 삼아서 그 작품에 대한 평가와 이해를 목적으로 삼는다.

"김 교수는 한국 현대 소설에 정통하고 유능한 문학평론가야. 김동인, 황순원, 김동리 등의 소설을 읽지 않아도 김 교수의 평론을 읽으면 마치 소설을 읽는 것처럼 머릿속에 쏙쏙 들어와. 소설의 내용은 물론이고 소설의 등장인물과 시대 배경에 대해서도 구체적으로 해설해 주니까 김 교수의 소설 평론만큼 믿을 만한 것도 드물어."

"중견 화가 홍용선 화백의 한국화 평론은 설득력 있기로 정평이 나 있어. 특이한 것은 홍용선 화백 자신은 서양화 중에서도 추상화를 30년 이상 그려왔다는 거야. 그런데 홍 화백은 서양 정신과 동양 정신을 뚜렷하게 구분할뿐더러 동양 정신에서도 어떻게 한국의 혼이 한국화에 표현되는지 어느 누구보다도 정확하게 밝히고 있어. 게다가 한국화의 아름다움이 한국인의 혼을 통해 어떻게 선(線)에 묻어나는지 해명하는 것을 읽다 보면 홍 화백의 평론이 과연 탁월하다는 생각이 들어."

위의 예들은 예술평론(비평)에 관한 언명이다. 예술평론은 분명히 미학과 다르다. 예술평론은 문학의 한 분과이고, 미학은 철학의 한 분과다. 예술평론은 예술 작품을 이해하고 해석하며 비판한다. 예술평론과 예술철학(미학)의 차이를 알기 위해서는 신학과 종교철학의 차이를 이해하는 것이 도움이 된다. 신학은 특정 종교를 이론적으로 체계화하며 해명하는 학문이다. 그러나 종교철학은 종교적 개념을 비판적 관점에서 연구하는 학문이다. 종교철학은 종교의 성립 근거를 묻고 종교 및 종교적 개념의 의미와 가치를 탐구한다.

주변에서 보통 말하는 유교철학, 불교철학, 기독교철학 등은 신학에 가깝다. 따라서 유교신학, 불교신학, 기독교신학 등으로 부르는 것이 오히려 적절할 것이다. 유교철학, 불교철학, 기독교철학 등은 유교, 불교, 기독교 등을 옹호하면서 체계적 이론을 구축하기 때문이다. 키르케고르, 하이데거, 야스퍼스 그리고 마르크스, 포이에르바하, 니체 등의 기독교철학은 비판적인 종교철학의 범주에 속한다.

"미학은 일반적으로 다음과 같은 다섯 가지 물음을 제기하고 그에 대한 답을 찾으려고 해. ①예술 작품은 무엇인가? ②예술적 아름다움은 어떤 것인가? ③보편적 예술의 정의는 어떤 것인가? ④예술적 표현은 어떤 것인가? ⑤예술 작품을 아름답게 만드는 것은 무엇인가? 이 다섯 가지 물음에 대한 답을 제시할 수 있다면 미학이 무엇인지 충분히 알 수 있지.

우선 대상을 미적으로 체험해야만 쾌감을 느끼고 예술적 아름다움을 맛볼 수 있어. 미적 체험은 미적 태도를 바탕으로 하지. 따라서 비미적(非美的) 태도를 가진다면 미적 체험은 불가능한 거야. 그런데 사람들은 비미적 태도를 미적 태도와 혼동할 때가 많아.

대표적인 비미적 태도는 실용적 태도를 꼽을 수 있어. 예컨대 내 앞에 산과 평야가 놓여 있다고 하자. 나는 미적 태도를 취할 수도 있고, 실용적 태도를 취할 수도 있어. 만일 내가 산과 평야를 아름답다고 느낀다면 나는 산과 평야를 어떤 수단으로 여기지도 않고 또 다른 목적을 위해 유용한 것으로도 여기지 않는 거야. 나는 산과 평야를 단지 지각하면서 아름답다고 체험하는 거지.

그러나 내가 산과 평야를 실용적 태도로 대한다면 그것을 보고 쾌감을 느끼더라도 실용적인 면을 염두에 두고 느끼는 쾌감이므로 미적 태도와는 전혀 다르지. 즉, 저 산과 평야를 개발하면 경제적 가치가 얼마이고 직접 내 손에 들어오는 돈은 얼마만큼 되리라고 계산할 때 비미적 태도로 기뻐하는 거야.

또 하나 주의할 것은 미적 태도와 인지적 태도를 혼동하기 쉽다는 거야. 자신의 직업이나 기술에 몰두하며 정통한 사람은 인지적 태도를 미적 태도와 동일시하기 쉬워. 내 후배 중에 일류 대학 음대 작곡과 교수가 있는데, 꽤 오래전에 내가 그를 방문했을 때 그는 내게 피아노 협주곡을 들려주면서 엄숙히 말하는 것이었어. '이 곡은 베토벤의 피아노 협주곡인데, 처음부터 끝까지 세밀하면서도 장엄한 아름다움을 진하게 전해 줘요. 나도 몇 번 들어보지 못했는데 선배님이 이렇게 오신 김에 같이 듣게 되었네요. 베토벤의 음악은 이렇게 꼼꼼하면서도 깊은 아름다움이 있어요.' 음악이 끝나고 우연히 판을 들여다보았더니, 그 판에는 브람스의 피아노 협주곡이라고 쓰여 있었어. 물론 전문가도 실수할 때가 있지. 내 동료 작곡가 교수는 베토벤의 곡이니까 예술미가 충분하다고 생각했던 거야. 아는 것(인지적 태도)을 아름다운 것(미적 태도)과 동일시하는 것은 적절치 못해. 그러니까 인지적 태도는 일종의 비미적 태도인 셈이지.

또 어떤 사람은 고가의 골동품을 소유했다고 해서 예술 작품을 미적 태도로 대한다고 착각해. 그리고 어떤 사람이 시나 희곡의 시대 배경과 쓰인 장소의 탐구에 몰두한다면, 그는 예술 작품에 대한 미적 체험은 도외시하고 시나 희곡에 관한 지식 획득을 목적으로 삼는 거야. 그리고 어떤 젊은이가 선한 행동을 목적으로 시와 그림에 대한 감상을 배운다면 그는 미적 태도가 아니라 도덕적 태도를 중요한 것으로 여기는 셈이지.

독재자들은 정치적 태도를 위해 예술 작품을 이용한 경우가 많아. 히틀러는 수많은 등산 영화를 지원했대. 험준한 알프스 산을 점령하고 환희에 열광하는 산악인들의 모습은 그냥 보기에는 순수한 인간 승리야. 그러나 그런 등산 영화를 보는 게르만인들의 피는 세계 정복을 향해 들끓었던 거지. 정치적 태도 역시 미적 태도는 아니야.”

칸트의 말을 빌리자면 미적 판단은 기호 판단(嗜好判斷, Geschmacksurteil)으로서 ‘공평함’ 내지 ‘무관심’을 특징으로 한다. 우리는 예술 작품을 대할 때 경제적, 정치적, 법적, 도덕적 관점을 취할 수 있고, 그러한 관점을 미적 태도와 얼마든지 혼동할 수 있다. 칸트는 공평무사하게, 또는 무관심하게 기호 판단에 의해 예술 작품을 평가하는 태도를 미적 태도라고 했다. 예컨대 “김홍도의 풍속화는 억대의 가치를 가지기 때문에 훌륭한 예술 작품이다”라거나 “홍용선 화백은 살아 있는 중견 한국 화가이기 때문에 그의 한국화는 500만 원 정도 가치가 있고, 따라서 중간 정도 수준의 예술 작품이다” 등의 태도는 경제적 태도일 뿐 미적 태도가 아니다.

치우침 없이 특정한 이해관계를 떠나서 순수하게 예술 작품을 지각하는 것이 바로 '공평함' 내지 '무관심'의 미적 태도다. 그러므로 미적 태도는 미적 대상에 대한 가장 밀접하고도 완벽하게 집중할 필요가 있다. 어떤 사람이 누드화를 감상하면서 다음처럼 말한다고 하자. 풍만한 이 여인의 나체화를 보면서 "들어갈 데 들어가고 나올 데 나온 풍만한 젊은 여인의 몸 앞에서 어떻게 냉정할 수 있어? 나체화라도 이토록 살아 움직이는 것 같은 나체화는 생전처음이야. 너무 섹시해서 도저히 참기 힘들군." 이 사람의 태도는 미적 태도가 아니라 성적 태도다. 물론 다른 태도를 모두 배제한 순수한 미적 태도가 과연 있겠는가 하는 의문을 제기할 수 있다. 그러나 미적 태도는 가능한 한 다른 태도들을 모두 배제한 지각의 태도인 것이다.

미적 태도는 예술 작품의 물리적 특징이 아니라 지각된 특징에 집중한다. 그림의 경우 화폭, 물감 등이 없으면 그림이 성립할 수 없다. 화폭, 물감, 붓 등은 물리적 소재 내지 특징이다. 그러나 그림을 예술 작품으로 만드는 지각적 특징은 선과 색깔의 결합이다. 음악의 경우, 바이올린 연주나 피아노 연주에서 바이올린과 피아노는 물리적 특징이다. 이들 악기 연주에서 음악을 음악답게 만드는 지각적 특징은 어디까지나 음의 결합이다.

물론 미적 대상은 지각적인 것, 곧 현상적인 것에만 제한되지 않는다. 문학 작품에 관해서는 다음처럼 말할 수 있다.

"시, 희곡, 소설 등 문학 작품에 있어서 미적 대상은 시각적인 것과 청각적인 것, 다시 말해 지각적인 것에만 제한되지 않아. 그림은 보아서 쾌감을 느끼고 음악은 들어서 쾌감을 느끼면서 아름답다고 해. 그러나 문학 작품의 경우는 달라. 물론 시를 눈으로 보고 읽으면서, 그리고 시를 낭독하는 것을 귀로 들어서 쾌감을 느끼고 아름답다고 말할 수 있긴 해. 그러나 내가 알지 못하는 러시아어로 시를 읽어주거나 러시아어로 된 시집을 읽으려고 할 때 전혀 미적 체험을 얻을 수 없어.

미술은 시각예술이고, 음악은 청각예술이야. 그런데 문학은 관념적, 감각적 예술이지. 특정한 글이나 말을 알고 그것들이 형성하는 의미를 지각할 때 비로소 문학 작품에서 쾌감을 느끼고 아름다움을 누릴 수 있는 거야."

어쨌든 여러 가지 비미적 태도를 배제하고 미적 태도 내지 미적 체험에 의해 예술 작품의 아름다움을 지각하고 향유할 수 있지만, 디지털-사이버 후기 자본주의 사회에 들어와서는 상업적, 정치적 태도 등이 미적 태도처럼 행세하는 경우가 허다하다.

예술이란
무엇일까

미학은 예술이 무엇인지 해명하기 위해 예술의 분류를 논의하며, 동시에 예술 작품의 여러 국면은 어떤 것인지 탐구한다.

"저 하늘과 바다 그리고 산, 강, 나무, 바위 등은 자연이야. 그런데 궁전, 사찰, 성당, 다리, 자동차, 비행기, 피카소의 〈게르니카〉, 베토벤의 〈전원교향곡〉, 허균의 『홍길동전』 등은 모두 넓은 의미에서 예술에 속해. 앙드레 지드는 세상에서 유일하게 비자연적인 것은 예술 작품이라고 말했대.

그러나 엄밀한 의미에서 말하자면 인간이 만든 모든 것이 예술 작품일 수는 없고, 예술 작품에는 반드시 조건이 따르기 마련이야. 미적으로 보고 듣고 읽기 위해 만들어진 것이 바로 예술 작품이야. 홍용선 화백의 한국화 한 점이 있다고 쳐. 이 그림은 망치나 신발처럼 실용적으로 쓰기 위해서가 아니라 보고 즐기고 감상하기 위해 그려진 예술 작품이야. 또 강은교 시인의 시 한 편이 있다고 하자. 이 시 역시 장삿속으로 비싸게 팔아먹기 위해 쓴 것이 아니고 보고 읽고 즐겁게 감상하기 위해 쓴 문학 작품인 거야.

미적 예술과 다른 것의 기본적인 차이는 원래의 의도에 있어. 원래 어떤 것을 만들 때 보고, 듣고, 읽음으로써 쾌감을 느끼고 즐기기 위한 의도를 가졌는지 아닌지가 미적 예술 작품을 판정하는 근거가 되지. 그러나 예술의 주된 동기가 미적이지 않은 경우도 꽤 있어. 중세 가톨릭교회에서는 신앙을 목적으로 수많은 성당을 건축했어. 히틀러는 세계 지배의 야망을 실현하려는 정치적 의도에서 여러 편의 등산 영화를 지원했지. 옛 소련 정부에서는 공산주의를 널리 선전하기 위해 문학 작품과 미술 작품을 만들도록 했고.

섬세하고 아름다운 우리나라의 수많은 사찰도 원래는 예술을 목적으로 한 것이 아니었어. 그 사찰의 건립 동기는 예불이었지. 이집트의 웅대한 사원들은 이시스(Isis) 신을 경배하기 위한 종교적 의도에서 건립되었어. 그런데도 우리는 유럽의 성당이나 우리나라의 사찰을 훌륭한 미적 가치를 가진 예술 작품으로 감상해. 그렇다면 예술 작품을 예술 작품답게 만드는 데는 원래의 의도보다 앞서는 것이 있다고 할 수 있어.

인간의 체험에서 기본적으로 미적으로 작용하는 것은 예술 작품의 범주에 속해. 비록 성당이나 사찰의 원래 의도는 종교적 신앙이었더라도 그것들은 인간에게 무엇보다도 미적으로 작용하기 때문에 우리에게 미적 쾌감을 전달하는 거야."

현대에 들어올수록 순수예술의 개념은 사라지고 아도르노(Theodor Adorno)가 말한 것처럼 예술 역시 하나의 사회적 사실이 되어버렸다. 예컨대 디자인과 같은 영역은 실용적 상업예술을 대변한다. 물론 아도르노의 예술관에는 마르크스의 견해가 깔려 있다. 마르크스는 물질적 생산 관계가 기초가 되고 그 위에 문화의 요소들이 자리 잡게 된다고 말했다. 즉, 학문, 예술, 도덕, 정치, 법 등은 모두 물질적 생산 관계를 바탕으로 성립한다는 것이다. 마르크스의 예술관을 극단적으로 표현하자면 예술 작품도 먹고살기 위해 만들어진 사회적 사실의 일종이라는 것이다.

한편 우리는 예술을 공간예술과 시간예술로 구분한다. 공간예술이란 건축, 조각, 공예, 그림, 디자인 등을 포함하는 미술을 말한다. 시간예술은 성악, 기악, 오페라 등을 포함하는 음악이다. 공간예술은 시각예술에 해당하며, 시간예술은 청각예술에 해당한다.

우리는 예술 작품에서 아름다움을 지각하여 쾌감을 느낀다. 그런데 왜 청각과 시각은 다른 감각들, 곧 미각, 촉각, 후각 등과 달리 예술 창작이나 예술 감상에 있어서 핵심적인 감각의 역할을 담당할까? 미각, 촉각, 후각 등은 세밀하고 다양하고 넓게 대상을 지각하지 못한다. 그러나 시각과 청각은 지각 영역이 매우 넓으며 다양한 것을 표현하고 지각할 수 있다. 공간과 음(소리)을 세밀하고도 다양하고 넓게 표현하고 감상함으로써 미술이나 음악에서 예술적 아름다움을 향유할 수 있는 것이다.

그런데 청각예술도 아니고 시각예술도 아닌 장르의 예술이 있으니, 바로 문학이다.

"물론 낭랑한 음성으로 시를 소리 높여 읽으면 시의 효과가 더해지는 것이 사실이야. 그렇지만 낮은 소리로 시를 읽거나 소리 없이 눈으로만 읽는다고 해서 시의 효과가 감소하는 것도 아니야. 문학을 다른 예술로부터 구분하는 문학의 고유한 요소는 바로 의미야. 단어 자체의 의미는 단어에 대한 상상을 생기게 해.

예컨대 김소월이나 보들레르의 시가 있다고 쳐. 시는 말하자면 상징적 예술이야. 우리는 시를 읽으면서 단어 자체의 의미를 지각하고 동시에 그것으로부터 상상하여 시의 아름다움을 즐길 수 있지. 시어는 물론 시를 구성하는 매체이지만 단순한 소리나 글자가 아니고 우리가 자유롭게 상상할 수 있는 의미를 담고 있는 글자야."

지금까지 미술, 음악, 문학 등 세 종류의 예술을 살펴보았다. 이 세 가지 이외에도 예술에는 혼합예술 내지 종합예술이 있다. 종합예술은 예술 창작의 여러 가지 매체를 결합할 때 성립한다. 연극은 말과 행동과 시각디자인에 의해 구성되고, 가장 중요한 매체는 말이다. 오페라의 매체는 음악, 말, 행동, 시각디자인이고, 가장 중요한 매체는 음악이다.

무용 역시 종합예술이다. 무용에서는 시각적 전형(典型)과 음악이 매체이며, 핵심적 매체는 시각적 전형이고 음악은 동반자 역할을 담당한다. 종합예술에서 가장 복잡한 것은 역시 영화다. 영화와 연극은 어떻게 구분되는 것일까? 연극 무대를 처음부터 끝까지 그대로 촬영해서 영화로 상영한다면, 그 결과는 어떨까? 물론 이때 영화는 살아 숨쉬는 무대를 상실하기 때문에 영화다운 영화가 되지 못하고, 연극일 수도 없다.

연극은 살아 있는 배우와 관객의 접촉 및 공감을 실현한다. 그러나 연극의 공간과 시간은 특정하게 제한되어 있다. 영화의 화면 역시 제한되어 있긴 하지만, 제한된 화면을 통해 무한한 공간 관계와 장구한 사건을 연속적으로 표현할 수 있는 것이 장점이다. 최근에는 최첨단 컴퓨터 그래픽을 동원하여 매우 다양한 가상공간과 색채를 표현함으로써 인간의 상상력을 최대한 현실화하는 작업에까지 손대고 있다.

우리는 예술의 주제와 표현 의미 등을 살피면서 그 예술이 어떤 것인지 알 수 있다. 예컨대 황순원의 『소나기』는 어린 소년과 소녀의 풋사랑을 그린 단편소설이다. 이 소설의 주제는 사랑이다. 문학 작품의 주제는 암시적이거나 명시적인데, 『소나기』의 주제인 사랑은 암시적이다.

시, 소설, 연극 등 문학 작품은 항상 특정한 주제를 표현한다. 그러나 모든 예술 작품이 반드시 고유한 주제를 가지고 있는 것은 아니다. 예컨대 베토벤의 〈교향곡 5번〉은 흔히 상식적으로 알고 있는 것처럼 인간의 운명이나 영웅을 묘사하는 음악이 아니다. 또 대부분의 추상화가 색깔과 형태로 구성되어 있으므로 그것이 남녀 인간상 또는 풍경을 표현한다고 생각하기 쉽지만, 특정하고 구체적인 주제가 없는 경우가 많다. 음악에서 '주제가 되는 재료'라는 용어를 쓸 때 그것은 특정한 사상이나 대상이 아니고 음악 안에서 연속되는 음이다.

모든 시각예술(건축, 조각, 공예, 디자인, 회화)은 반드시 표현적이지는 않다고 해도 대부분의 회화와 조각은 일반적으로 자연 대상을 표현한다. 그러나 음악의 경우는 다르다. 자연은 우리에게 음을 제공하지 않고 소리를 들려준다. 그래서 물 소리, 바람 소리, 새 소리 등은 자연의 소리다. 그러나 음악적 음은 인간이 만든 악기에 의해서만 발생한다.

문학의 표현은 미술적 표현이나 음악적 표현과 전혀 다르다. 문학의 표현은 언어적 상징에 의해 실현된다. 『어린 왕자』는 동화 형식을 취하고 있기는 해도 어린 왕자와 동물들의 대화를 통해 인간의 순수한 마음을 나타낸다. 즉, 『어린 왕자』는 언어적 상징에 의해 인간의 본성을 보여주고자 한다.

문학은 시각예술(미술)도 아니고 청각예술(음악)도 아니다. 그림의 색깔과 형태는 그림을 형성한다. 음악의 음 자체는 결코 상징적 의미를 갖지 않으면서 음악을 형성한다. 문학에서는 『진달래꽃』 『어린 왕자』 『도둑맞은 편지』 『벙어리 삼룡이』 등과 같은 개념이 문학 작품을 만든다. 따라서 개념은 색깔이나 소리와는 전혀 상관없이 의미를 가지고 특정한 대상을 지시한다.

도대체 예술이란 무엇인지를 묻고 이러한 물음에 대해 예술의 핵심 문제를 제시한다면 예술의 의미가 밝혀진다. 따라서 넓은 뜻에서 보자면 모든 예술은 무엇인가를 지시하기 때문에 의미를 가진다고 할 수 있다. 그러나 문학은 다른 예술보다도 의미를 담은 언어를 핵심 매체로 삼기 때문에, 언어적 상징이 지시하는 의미를 지각하고 이해함으로써 문학적 아름다움을 향유할 수 있다.

"그런데 우리가 예술 작품의 아름다움 자체를 즐기는 것은 아니야. 문화의 구성 요소들은 학문, 예술, 도덕, 종교 등이고, 학문은 크게 자연과학, 인문과학, 사회과학, 응용과학(종합과학) 등으로 구분되지. 자연과학의 대상은 사실이야. 사실에 대립되는 것은 가치고.

가치에는 앎(인식론)의 가치(참과 거짓 등), 윤리적 가치(선과 악 등), 미적 가치(아름다움과 추함 등)가 있어. 한편으로 우리는 미적 가치를 미와 추로 구분해. 그러나 다른 한편으로 미적 가치를 감각적 가치, 형식적 가치, 삶의 가치 등 세 가지로 나눌 수도 있어.

울긋불긋한 가을 단풍의 색깔, 채석강의 오묘한 바윗결, 피아노의 음색, 뭉크의 〈절규〉가 표현하는 어두운 분위기, 대리석의 차갑고 매끄러운 촉감, 늦은 봄 남해의 싱그러운 보리밭 물결 등에서 우리는 감각적 가치를 접하고 대상의 아름다움을 향유해. 이 경우 자연적이며 물리적인 현실 대상이 우리를 기쁘게 하는 것이 아니고, 대상의 감각적 표현이 우리를 즐겁게 하지.

물론 대상의 색깔, 형태, 음조, 조직, 의미 등이 우리를 기쁘게 해주지만, 지속적으로 즐겁게 해주지는 못해. 대상의 색깔, 형태, 음조 등의 관계가 이번에는 우리로 하여금 쾌감을 느끼게끔 해. 예컨대 우리는 피아노곡을 들을 때 즐거움을 느껴. 음악에서 장조나 단조의 가락은 여러 개의 음으로 구성되지. 여러 개의 음이 조화로운 관계를 맺고 청각을 자극할 때 우리는 음악의 아름다움을 향유할 수 있는 거야.

그림의 경우도 마찬가지야. 색깔이나 선이 무질서하게 화폭에 표현되어 있을 때 그것을 그림이라고 하지 않아. 각종 선과 색깔이 화폭에 조화로운 관계를 가지고 표현될 때 아름다운 그림이 될 수 있어. 좀 더 구체적으로 말하자면, 음악에서는 음의 연속 관계가, 그림에서는 색깔과 형태의 연속 관계가 유기적으로 통일성을 가질 때 비로소 미적 가치를 즐길 수 있는 거야.

꽤 오래전이지만 나는 〈솔베이지의 노래〉를 들으면서 서너 시간 동안 노르웨이를 기차로 여행한 적이 있어. 숲과 호수와 바다를 지나면서 듣는 노래는 마치 살아서 움직이는 것 같은 느낌이었지. 음의 연속 관계와 색깔이나 형태의 연속적 관계는 유기적으로 통일을 이루면서 예술 작품에 생명력 넘치는 아름다움을 선사하고 있었어.

지금까지 예술의 감각적 가치와 형식적 가치를 살펴보았다면 또 한 가지 가치가 있으니, 그것은 바로 삶의 가치야. 뭉크의 〈절규〉를 보면 삶의 온갖 번뇌와 고통을 느낄 수 있어. 그러면서도 삶의 고뇌를 승화시킨 색깔과 형태를 통해 〈절규〉의 미적 가치를 향유할 수 있지. 예술 외부의 삶에 관한 지식을 충분히 가질 때 뭉크의 〈절규〉에서 삶의 가치를 체험할 수 있는 거야.

예술은 예술 외부의 요소들이 표현하는 가치를 가질 수 있고, 이러한 가치는 삶의 가치이자 연상적 가치야."

미적 가치의
판단

간단히 말해서 예술 이론에는 형식을 예술의 가장 중요한 기준으로 여기는 이론, 예술에서 인간의 감정 표현을 가장 중요하게 여기는 이론 그리고 인간의 감정에 대한 상징을 가장 중요한 것으로 꼽는 이론 등이 있다. 각각 형식주의 이론, 표현이론, 상징이론이라고 불린다.

"형식주의 이론을 대변하는 벨(Clive Bell)에 의하면, 형식의 탁월함은 서로 다른 시대에 다른 문화를 가진 관찰자들도 인정하는 예술의 특징이야. 예술의 형식은 시대를 초월한 예술의 특징이란 말이야. 특정한 예술평론가들은 예술 작품에서 표현, 정서, 이념 등이 중요하다고 주장해. 그러나 형식주의 이론은 특히 시각예술(미술)에 있어서 색깔과 선이 평면이나 입체에 전개되어 결합되는 형식이 가장 중요하다는 거지.

　미술은 물론이고 음악에 있어서도 형식적 속성은 바로 미적 가치를 창조하는 요소야. 그림에서 형태와 색깔의 복잡한 상호 관계와 음악에서 음의 상호 관계는 미적 통일로 조직되게 마련이야. 예술의 형식적 속성은 미적 통일을 형성하고, 우리는 미적 가치를 체험할 수 있어.

　그러나 일부의 예술평론가는 예술의 형식주의 이론을 반대하고 표현이론을 주장해. 표현이론 옹호자들은 예술 형식의 중요성을 인정하기는 해도, 그것이 유일하게 예술을 결정하는 요소라고 보지는 않아. 표현이론 지지자들은 형식보다는 오히려 감정 표현이 예술을 결정하는 요소라고 주장해. 표현을 구체적으로 해명하자면 예술가가 예술 작품의 창작에 참여하는 과정, 그리고 그 과정에 의해 산출된 다양한 국면이 바로 표현이야.

　표현이론을 옹호하는 사람들에 의하면 선, 색깔, 음 등은 형식이라기보다 인간의 내면적 감정에 대한 표현이야. 그러므로 예술은 예술가의 감정과 성격의 표현인 셈이지.

　그런가 하면 또 어떤 사람들은 예술을 인간의 감정 표현으로 보지 않고 인간의 감정에 대한 상징으로 생각해. 이런 입장은 예술의 의미이론 내지 상징이론이라고 해. 의미이론에 의할 것 같으면 예술 작품은 인간의 내면에서 일어나는 심리적 과정과 유사한 것의 표현이야.

　음악을 살펴볼 것 같으면, 음악은 끊임없이 움직여. 때로 음악은 나비처럼 날아가는가 하면 폭풍우처럼 거세게 몰아치기도 하고, 가을 하늘의 새털구름처럼 부드럽게 흐르기도 해. 음악의 율동은 부단히 살아서 꿈틀거리는 삶의 율동과도 비슷해. 결국 음악의 흐름은 삶의 흐름을 의미하기도 하고 동시에 삶의 흐름을 상징한다는 거야."

미학(또는 예술철학)이 무엇인지 제대로 알기 위해서는 예술의 형식과 표현 그리고 상징 이외에도 예술과 진리의 관계, 더 나아가서 예술과 도덕의 관계를 알지 않으면 안 된다. 물론 미적 판단은 행위의 선과 악에 관한 도덕 판단도 아니고, 그렇다고 명제의 참과 거짓에 관한 인식론적 판단도 아니다. 그렇지만 예술은 어느 정도 진리 및 도덕의 문제와 연관성이 있고, 특히 문학 작품은 도덕 및 진리와 깊은 관계를 맺고 있다.

시, 소설, 희곡 등의 문학 작품은 언어로 표현되기 때문에 다양한 진술명제로 구성된다. 진술명제는 각각 참이나 거짓이므로 진리와 허위를 포함한다. 예컨대 『대원군』이나 『토지』 등의 역사 소설은 상당수의 허구적 사실을 포함하긴 해도 동시에 역사적 사실에 관한 여러 가지 참다운 진술명제들을 포함하고 있다.

그러나 문학 작품에는 명백히 진술된 진술명제보다 오히려 더 많은 함축명제가 존재하는 것이 사실이다. 문학 작품의 부분이나 전체는 작가의 인생관, 자연관 그리고 세계관을 함축명제에 의해 표현한다. 에드거 앨런 포의 『도둑맞은 편지』에서는 포의 인생관이 다양한 함축명제에 의해 표현되고 있다. 또 허균의 『홍길동전』에서는 허균의 인생관, 사회관 그리고 세계관이 함축적으로 표현되고 있다.

소설과 희곡의 등장인물은 대부분 가상 인물이므로 현실이나 역사의 대응 인물이 없는 경우가 허다하다. 비록 등장인물이 창작된 허구적 인물이라도 작가는 그 인물을 통해 인간 본성에 대한 진리를 진솔하게 표현하려 한다.

물론 인간 본성에 대한 진리는 예술의 내적 관계가 아니고 예술의 외부에서 이루어지는 인간의 행동과 직접 연관된다. 그런데도 인간 본성에 관한 진리는 예술 작품에 다가가게 해주는 요소임이 분명하다.

의외로 많은 사람들이 예술은 도덕적이어야 한다고 주장함으로써 도덕주의의 입장을 고수한다. 예컨대 플라톤과 톨스토이는 예술이 도덕적이어야 한다는 입장을 가지고 있다. 플라톤에 의하면 음악은 수학적 성격이 있어서 청년 교육에 도움이 되지만, 미술과 문학 등은 자연을 모방(모사)하기 때문에 오히려 방해가 된다. 자연은 영원불변하는 이데아들의 모방이므로 수시로 변화하고 생성, 소멸한다. 따라서 이데아들이 불변하는 선이지만, 자연 사물은 선일 수 없다.

또 구소련의 공산 독재 정부는 예술을 정치적 도구로 여겼다. 예술이 정부를 위한 도덕을 촉진시키면 바람직하고, 그렇지 못할 경우 추방해야 할 대상이었다. 무엇보다도 독재 정권의 집권층은 예술이 백성에게 해를 끼치지 않을 경우 기껏해야 해롭지 않은 쾌락이나 사치 아니면 취미나 도피로 여겼다.

그런가 하면 유미주의(唯美主義, aestheticism)는 도덕주의를 정면으로 반대하고, 오히려 도덕이 예술의 시녀라고 주장한다. 유미주의의 대표적 작가는 오 헨리다. 오 헨리에 의하면 인간이 예술 작품에서 얻을 수 있는 최고의 경험은 미적 체험이다. 어떤 것도 미적 체험을 방해할 수 없다.

폭군 네로는 불타는 로마를 바라보면서 "오, 아름다운 로마여!"라며 감탄했고, 불타는 로마의 광경이 너무 아름답게 느껴져서 눈물 단지에 눈물까지 담으면서 탄성을 질렀다고 한다. 또한 무솔리니의 사위는 수많은 군중 속에서 폭발하는 폭탄의 아름다움을 시로 읊었다고 한다.

예술 작품은 과연 다른 모든 요소들을 전혀 고려하지 않고 오직 미적 체험만 안중에 두고 단지 아름다움의 향유만을 목적으로 삼을까?

그렇지 않다. 도덕주의와 유미주의는 둘 다 극단적인 예술 이론이다. 그런데 예술의 도덕적 가치와 미적 가치는 긴밀하게 연관되어 있기 때문에 다른 한쪽이 없으면 도덕적 가치나 미적 가치는 전혀 작용할 수 없다고 주장하기도 하는데, 이것이 상호작용주의다.

무엇보다도 문학은 도덕적 반성을 촉진하는 잠재력을 가지고 있다. 그래서 다른 예술보다도 문학에서는 외설 내지 음란성이 큰 문제로 부각되는 경우가 많다. 아리스토텔레스의 정화(淨化, katharsis)이론은 비극에 제한되기는 해도 예술 작품의 도덕적 가치를 강조하는 입장이다. 예술은 인간의 마음을 순수하게 정화시켜 준다는 것이다. 아리스토텔레스가 『시학(Poetica)』에서 제시한 정화이론은 도덕주의를 포함하는 포괄적인 미학 이론이라고 할 수 있다.

예술을 사회적 사실로 인정할 경우 극단적인 도덕주의와 아울러 극단적인 유미주의(탐미주의)에 반대하게 된다. 예술과 도덕은 서로 적대되는 것이 아니라 상호보완적이기 때문이다. 그러나 예술 작품이 도덕적으로 사회에 부정적이며 해로운 결과를 초래할 경우, 우리는 미적 가치와 도덕적 가치 중 한 가지를 선택하지 않으면 안 된다. 이때 예술의 검열 문제에 직면하지 않을 수 없다.

"소위 독재 국가에서는 예술을 포함한 문화 활동 전반을 정부에서 통제하고 검열해. 표면상으로는 사회의 안정과 평화를 위해 어쩔 수 없이 한다고 하지만, 지배층의 확고부동한 권력과 이익을 보장하기 위해 예술을 검열하는 것이 뻔하지.

예술의 검열 문제를 적절하게 해결할 수 있는 방법이 없을까? 얼마든지 있어. 우선 예술과 도덕은 학문 및 종교와 함께 문화 형성의 중요한 요인이므로 상호 밀접한 관계를 가지고 있다는 사실을 인정해야 해. 다음으로는 미적 체험에 관한 다양한 이론들이 서로 열린 자세를 가지고 끊임없이 의사소통의 장을 전개하지 않으면 안 되지.

21세기를 살아가고 있는 우리는 플라톤이 왜 지혜, 용기, 절제의 덕을 종합한 덕을 정의라고 했는지, 그리고 현대에 들어와서 어떤 근거에서 롤즈가 공정함으로서의 정의를 가장 바람직한 정의라고 주장했는지 그 이유를 곰곰이 따져볼 필요가 있어."

그러면 이제 예술이 무엇인지 종합적으로 살펴보기로 하자. 잠정적으로 "예술은 감각적 표현에 의한 실재의 표현이다"라고 예술을 정의할 수 있다. 여기에서 '감각적 표현'이란 '창조적 상상력을 동반하는' 감각적 표현을 말한다. 예술 작품은 일련의 필요충분조건에 의해 예술 작품일 수 있다. 다시 말해 일련의 필요충분조건을 통해 예술 작품은 미적 체험의 대상이 될 수 있다.

파커(David Parker)는 다음과 같은 세 가지 조건을 예술 작품의 필요충분조건으로 제시한다. 첫째, 예술은 상상력을 통해 예술 작품을 충족시키는 근거를 제공하지 않으면 안 된다. 둘째, 예술적 대상은 사회적이지 않으면 안 된다. 셋째, 모든 예술은 조화·전형·도안 등 미적으로 충족시키는 형식을 가지지 않으면 안 된다.

이제 예술이 무엇인지를 확실히 밝히기 위해 미적 가치가 무엇이고 미적 가치를 논하는 이론에는 어떤 것들이 있는지 간략히 살펴보기로 하자. 전통적으로 미학 이론 내지 예술철학을 장식하는 가장 중요한 개념은 '아름다움'이다. '아름다움'은 우리의 눈과 귀를 즐겁게 해주는 어떤 것을 포함하지만, 그렇다고 해서 모든 예술 작품들이 우리의 눈과 귀를 즐겁게 해준다고 주장하기는 힘들다. 뭉크의 〈절규〉는 우리의 눈을 기쁘게 해주지 않는다. 많은 현대 음악가들의 불협화음 음악 역시 우리의 귀를 즐겁게 해주지 않는다. 그러나 추미(醜美)와 비장미(悲莊美)도 넓은 의미의 아름다움에 속하기 때문에 뭉크의 〈절규〉나 불협화음의 음악 역시 아름다운 예술의 영역에 속할 수 있는 것이다.

지금까지 미적 가치에 관한 두 가지 주요 이론으로 주관주의 이론과 객관주의 이론을 말할 수 있다. 주관주의 이론은 아름다움의 보편성을 부인한다. 예컨대 실용주의는 대표적인 주관주의 이론이다. "하나의 대상이 있다고 하자. 이 경우 네가 그 대상을 좋아한다면 그것은 너에게 아름다우며, 내가 그것을 싫어한다면 그것은 나에게 아름답지 않다. 따라서 아름다움이란 전적으로 주관적인 것이다." 일상생활에서 상당수의 사람들은 미적 가치에 대해 주관주의 이론의 입장을 취하고 있다. 예컨대 세잔의 그림 몇 점은 당대에 혹평을 받았지만 세월이 지남에 따라 걸작으로 평가받게 되었다.

주관주의 이론에 의하면 예술 작품을 미적으로 가치 있게 만드는 것은 대상 자체(예술 작품)의 성질이 아니고 대상과 미적 향유자와의 관계라는 것이다. 그러나 아름다움은 예술 작품 자체의 성질이라고 주장하는 입장이 있는데, 이것이 객관주의 이론이다. 객관주의 이론을 옹호하는 사람은 미적 가치를 구성하는 성질을 일컬어서 '아름다움'이라고 한다. 아름다움은 단순하면서도 분석 불가능한 것이므로 직접 직관된다는 것이다. 비어즐리(Monroe Beardsley)와 같은 사람은 보편적 아름다움을 성립시키는 세 가지 기준으로 통일, 복잡성, 강도를 제시한다.

건축이나 조각 또는 기악곡이나 교향곡 등에 있어서 다양성만 있고 통일이 없다면 예술 작품의 아름다움을 말할 수 없다. 그림이나 음악은 강도(强度)가 전혀 없으면 역시 아름다움을 전달할 수 없다. 어떤 교향곡이 처음부터 끝까지 단순하기만 하고 복잡성을 결여한다면 그 역시 아름다움을 전할 수 없다.

예술의 주관주의 이론과 객관주의 이론을 살펴보았지만, 사회적 삶에서 주관과 객관은 직접, 간접적으로 항상 긴밀한 상호 관계를 맺고 있다는 사실을 결코 잊어서는 안 된다.

고전적 미학이론은
무엇인가

서양에서 처음으로 예술의 철학적 체계화에 노력을 기울인 인물은 플라톤이다. 그러나 플라톤보다 200년이나 먼저 아킬레스의 방패에 관해 호메로스(Homeros)의 『일리아드(*Iliad*)』는 유명한 미적 판단을 내렸다. 호메로스는 아킬레스의 방패를 가리켜서 "그것은 놀라운 작품이었다"라고 경탄해 마지않는다. 이러한 표현은 자연에 실재하는 매우 강한 대상을 그린 방패의 예술적 아름다움에 대한 경탄의 시초다.

호메로스와 아울러 헤시오도스(Hēsiodos)는 예술가의 상상 내지 영감의 근원이 무엇인지 물음을 제기했다. 그들은 예술가의 영감이 초월적인 신성한 힘에서 나온다고 생각했다. 그리스의 서정시인 핀다로스에 의하면 예술가의 영감은 신에게서 나온 천품이다. 그러나 시인의 예술적 재주는 시인 자신의 노력에 의해서 발전할 수 있는 것이었다.

피타고라스학파의 철학자들은 음정이 현 길이의 비율에 따라 달라진다는 것을 알아냈다. 그들은 음악적인 수 이론을 근거로 삼아 윤리 이론과 함께 치료법적인 음악 이론을 발전시켰다. 그들이 말한 조화(harmonia)는 기본 음정을 의미했다.

오늘날 우리가 접하는 기본적인 미학 문제들은 이미 플라톤이 제기하고 고찰한 것으로, 그는 대화편에서 미학의 문제를 살펴보고 있다. 미학적 문제들에 대한 주요 논의들은 플라톤의 초기 대화편 『이론』, 중기 대화편 『향연』, 『국가론』, 『파이드로스』, 말기 대화편 『소피스트』, 『법률』 등 여러 저술에서 두루 전개되고 있다.

"플라톤은 건축, 조각, 회화 등의 시각예술과 서정시, 서사시, 극시 등의 문학예술 그리고 춤과 노래가 서로 섞인 음악예술 등 예술 전반에 관해서 논의하고 있어. 플라톤이 말하는 예술은 바로 기술(techné)인데, 기술이란 목공술로부터 정치에 이르기까지 어떤 것을 만들거나 행하는 모든 재주를 포함하는 것이었어.

기술은 획득적 기술과 생산적 기술 두 가지로 구분돼. 획득적 기술에는 사냥, 논쟁, 장사 등이 속해. 우리는 사냥, 논쟁, 장사 등을 통해 무엇인가를 얻을 수 있어. 생산적 기술은 현실 대상(자연물)의 생산과 이미지(idola) 생산으로 나뉘어. 현실 대상은 신이 만든 계획이나 요소야. 이미지는 인간이 만든 칼, 집, 의자, 침대 등이고.

이미지는 자연물에 대한 모방이야. 즉, 칼, 의자, 집 등은 자연 대상이 아니고 인간이 자연 대상을 원형으로 삼아 모방하여 만든 것이지. 가끔 접할 수 있는 마임(mime, 무언극)의 어원은 미메시스(mimesis, 모방)라고 해. 마임은 말없이 몸짓으로 무엇인가를 흉내 내는 무언극을 뜻하지.

　플라톤에 의하면 예술은 미술, 음악, 문학 등 모두 모방의 모방이야. 그러니까 예술은 2차적인 모방인 셈이지. 현상의 자연 사물은 1차적인 모방이고. 영원한 이데아가 있고 이것을 모방한 것이 자연 사물이야. 예컨대 현실의 사과는 영원불변하는 정신적 개념인 사과의 모방인 거지. 눈앞에 잘 익은 사과가 있을 수 있고, 먹다 만 사과도 있을 수 있고, 썩은 사과도 있을 수 있어. 그러나 눈앞에 사과가 없어도 영원불변하는 개념으로서의 사과를 떠올릴 수 있거든. 그런 사과가 바로 영원한 이데아로서의 사과이고, 눈앞의 현실적인 모든 사과는 '이데아 사과'의 모방인 거야. 그러니까 현실의 사과는 1차적으로 '이데아 사과'를 모방한 것이지.

　이제 현실의 사과를 그림으로 그렸다고 쳐. 그렇다면 '그림 사과'는 현실의 사과를 모방했으니까 영원불변하는 '이데아 사과'에 대해서는 2차적인 모방인 거지. 플라톤에 의하면 모사물은 참답게 존재하는 것이 아니고 원형(영원한 이데아)의 그림자에 지나지 않아. 현실 속의 자연 사물은 이데아의 그림자이고, 예술 작품은 자연 사물의 그림자야. 그러니까 예술품은 그림자의 그림자에 불과해.

　플라톤은 앎의 단계를 추측, 신념, 수학적 인식, 순수 인식 등으로 나누면서 추측을 가장 불확실한 앎의 단계로, 그리고 순수 인식을 진리 인식(이데아 인식)의 단계로 보고 있어. 플라톤은 화가의 기술을 사이비 기술이라고 해. 화장술은 건강 자체를 부여하지 않고 건강한 것처럼 흉내 내는 기술이야. 화가는 화장술처럼 참다운 침대나 사과를 만드는 것이 아니고 단지 침대나 사과를 흉내 내어 그림으로 표현하기 때문에 플라톤은 화가의 기술을 사이비 기술이라고 불렀어."

플라톤에 의하면 예술은 다양하게 아름다운 것을 구현한다. 아름다움은 원래 '작용하기에 적절함 또는 알맞음'의 의미를 포함한다. 끊임없이 변화하고 생성, 소멸하는 현상 세계의 아름다움의 배후에는 영원하고 절대적인 아름다움의 이데아가 존재한다는 것이다.

일반적으로 눈, 코, 이마 또는 기타 신체 부위를 성형수술하는 여성들은 마음속으로, 또는 입 밖으로 "어느 탤런트의 코처럼, 어느 배우의 쌍꺼풀처럼 수술해 주세요"라고 말한다. 이들은 원형을 이상적이라고 생각하고, 자기들이 생각하는 원형에 따라 눈이나 코를 바꾸길 바란다. 플라톤은 『향연』이라는 대화편에서 아름다움으로 상승하는 미학적 과정을 자세히 논의하고 있다.

아름다움에 대한 사랑(에로스)을 가진 사람은 신체의 아름다움으로부터 정신의 아름다움으로 상승한다. 그런 사람은 더 나아가서 제도, 법, 학문 자체의 아름다움으로 진전하며, 마지막으로 아름다움 자체로 상승한다. 플라톤은 계속해서 아름다움이 무엇인지, 어떤 조건에서 대상의 아름다움이 표현될 수 있는지를 묻는다.

플라톤은 대화편 중 『필레보스』에서 아름다운 대상은 수학적 기준을 통해 부분의 적절한 비율에서 신중히 만들어진다고 주장한다. 척도(metron)의 성질과 비율(symmetron)은 아름다움과 탁월함을 형성한다는 것이다. 아름다움 자체는 수학적 척도에 의존하기 때문에 이데아계에서 매우 높은 자리를 차지한다.

플라톤은 도덕적 관점에서 예술을 다룬다. 그가 보기에 최고의 기술은 예술을 궁극적으로 논의할 수 있는 입법자와 교육자의 기술이다. 입법자와 교육자의 의무는 전체 사회의 윤리, 도덕적 질서를 유지하는 것이다. 예컨대 예술 중에서 음악은 행위 가능성이 있고 아름다울 때에만 순수한 기쁨을 가져다준다.

그렇지만 비극이나 희극 등의 극시는 헤프게 웃거나 또는 절규하는 무가치한 인물을 묘사한다. 따라서 극시는 관객에게 과도한 웃음이나 울음을 강요한다. 결국 극시는 관객에게 무가치한 영향만 미친다. 이런 근거에서 플라톤은 신과 영웅의 비도덕적 행동에 관한 이야기가 청년 교육에서 배제되어야 한다고 말한다. 또한 사람들을 우울하고 무기력하게 만드는 음악은 생동하며 기쁨을 주는 음악으로 대치되어야 한다고 주장한다.

플라톤은 청년 교육과 도시국가의 안정을 위해 예술을 엄하게 검열하고 통제할 것을 제안한다. 그러나 다른 한편으로는 예술의 아름다움의 기준이 선 내지 덕과 긴밀한 연관이 있다고 말한다. 따라서 최선의 시, 음악, 춤 등은 인간 교육에 불가결한 수단이고 사람들은 한층 덕스럽게 만든다. 플라톤의 미학 내지 예술철학은 어디까지나 그의 정치, 사회철학 및 윤리학을 전제로 삼을 때 의미를 가진다고 말할 수 있다.

플라톤의 제자 아리스토텔레스는 『시학』에서 시예술(poietike)을 구체적으로 논의하고 있다. 오늘날 우리가 알 수 있는 아리스토텔레스의 예술철학은 대부분 『시학』을 바탕으로 한다. 『시학』은 장기간에 걸쳐서 수많은 해석의 문제를 제기했다. 동시에 『시학』은 특히 예술 비판(그중에서도 무엇보다도 문학 비판)에 대해 어떤 사상가의 저술보다도 큰 영향을 미친 것이 사실이다.

아리스토텔레스는 세 가지 종류의 사유(phronesis, 프로네시스)가 있다고 했다. 앎(theoria, 테오리아), 실천(praxis, 프락시스), 제작(poiesis, 포이에시스) 등이다. '제작'은 대상이나 사건의 표현인 모방이다. 모방 예술은 다시 두 가지로 나뉘는데, 색깔과 스케치를 통해 시각 현상을 모방하는 시각예술과 시, 노래, 춤을 통해 인간의 행동을 모방하는 시예술이다. 시예술은 단어, 선율, 율동 등 매체에 의해 미술과 구분된다. 또 시예술은 모방하는 대상에 의해 역사, 철학 등과도 구분된다.

아리스토텔레스의 『시학』의 내용을 확장하고 유추하면 그의 예술철학의 특징을 잘 알 수 있다. 아리스토텔레스는 연극과 서사시에 가장 많은 관심을 기울인다. 아리스토텔레스는 "비극의 본질은 무엇인가?"라는 물음을 제기한다. 그는 질료인(質料因), 형상인(形相因), 작용인(作用因), 목적인(目的因) 등 자신의 네 가지 형이상학적 원인들을 비극의 본질로 제시했다. 질료인은 재료가 되는 원인이고, 형상인은 원리가 되는 원인이다. 질료인은 작용의 원인이 되며, 형상인은 목적의 원인이다.

비극은 적절한 쾌락을 제공해야 한다. 아리스토텔레스는 『시학』에서 비극의 존재 근거를 모방과 모방의 즐거움 두 가지에 있다고 말한다. 비극이란 두렵고 가련한 사건의 모방이다. 우리는 비극을 관람하면서 연민과 공포를 체험한다. 그렇다면 비극은 모방의 즐거움과 전혀 무관하지 않느냐고 생각할 수 있다. 그러나 비극에서 연민과 공포의 고통을 느끼더라도 적절한 거리를 두고 보면 마음의 정화와 함께 기쁨을 누릴 수 있다고 한다.

그리스 말기의 철학은 헬레니즘에 속한다. 현실 정치적으로는 로마이지만 사상적으로는 여전히 그리스 철학이 지배했던 시기가 바로 그리스 말기의 윤리-종교 시대다. 이 시기에는 스토아철학, 에피쿠로스주의, 신플라톤주의 등이 사상계를 대변했다. 스토아철학자들은 시를 통해 쾌락과 아울러 마음의 평정(ataraxia, 아타락시아)을 얻을 수 있다고 믿었다. 따라서 그들은 시가 삶에 도덕적으로 유익하다고 생각했다.

에피쿠로스주의자들은 흔히 유물론자로만 알려져 있지만 예술, 특히 음악을 윤리적 측면에서 이해했다. 그들에 의하면, 음악은 말과 함께 정서를 자극하며 영혼을 윤리적으로 변화시킬 수 있다고 믿었다.

신플라톤주의를 대변하는 플로티노스는 플라톤과 달리 진리에 도달하는 세 가지 길이 있다고 한다. 음악가의 길, 사랑하는 자의 길, 형이상학자의 길이 그것이다. 플로티노스는 신비주의 철학의 입장에서 현실의 아름다움과 피안의 아름다움이 있다고 했다. 음악이나 미술의 아름다움은 현실의 아름다움이며, 이상적 이데아의 모방이다. 플로티노스에 의하면 피안의 아름다움(아름다움의 이데아)에 도달한 자는 아름답고 신성하게 되었기 때문에 더 이상 아름다움을 볼 필요도 없고 추구하지 않아도 된다.

서양의 중세 철학은 기독교철학 내지 신학이라고 해도 과언이 아니다. 중세에는 "철학은 신학의 하녀다"라는 말이 성행할 정도로 기독교 신학이 정당한 체계 구축을 위해 철학을 이론적으로 사용했다. 중세의 미학은 기껏해야 기독교철학의 맥락 안에서 아우구스티누스와 아퀴나스 등이 언급한 아름다움에 관한 이론을 꼽을 수 있을 것이다.

아우구스티누스는 두 가지 아름다움을 구분했다. 첫째는 사물이 전체를 구성함으로써 사물에 속하는 아름다움이다. 둘째는 사물이 어떤 다른 것에 적합하기 때문에, 또는 전체의 부분이기 때문에 사물에 속하는 아름다움이다. 이러한 아름다움을 형성하는 요인은 통일, 수, 동등함, 비율, 질서 등이다.

아퀴나스는 삼위일체의 영향을 받아서 아름다움은 세 가지 조건을 포함한다고 주장했다. 첫 번째 조건은 무결함 또는 완전함이다. 두 번째 조건은 적절한 비율이나 조화다. 세 번째 조건은 밝음이나 명백함 또는 빛남이다. 이 세 가지 조건은 아름다움을 성립시키며, 아름다움은 선의 일부라는 것이 아퀴나스의 주장이다.

플라톤과 아리스토텔레스에 의해 싹튼 미학 이론은 칸트와 독일 관념철학자에 이르러서 활짝 꽃피운다. 그러기까지는 르네상스 철학과 영국 경험론 및 대륙 합리론을 거치며 긴 숙고의 시간을 겪지 않으면 안 되었다.

# 현대 미학이론은
계속 발전한다

르네상스의 말뜻은 재생 내지 부활이다. 적절한 표현은 아닐지라도 서양의 중세를 일컬어 암흑시대라고 부른다. 서양의 중세는 신 중심 또는 신학 중심의 시대이고 다른 것들은 모두 무시당했으므로 캄캄한 시대라고 해서 '암흑시대'란 명칭이 생겼던 것이다.

지리상의 발견, 종교개혁, 과학의 발달 등과 아울러 휴머니즘이 꽃피고 다시 그리스, 로마의 인간 중심의 문화를 재생시키자는 흐름이 나타났으니, 그것이 바로 르네상스 철학이다. 쿠자누스, 브루노, 파라켈수스 등의 철학자들은 넓은 의미에서 자연과 신과 인간은 하나라는 범신론적 사상을 대변했다. 피치노(Marsilio Ficino), 알베르티(Leone Battista Alberti) 등은 그리스와 로마의 전통을 부흥시키면서 르네상스의 미학 이론을 대변했다.

피치노에 의하면 예술 창조를 위해서는 내면의 집중이 요구된다. 내면의 집중은 아름다움을 창조한다. 영혼이 신체를 떠나서 플라톤적 이데아(아름다움의 원형)로 접근할 때 우리는 아름다움을 체험할 수 있다는 것이다. 알베르티는 다른 어떤 것보다도 수학적 지식이 그림에 통일을 가져다주고 그림을 아름답게 만든다고 주장한다. 따라서 알베르티는 수학적 지식이 조각, 시, 음악보다 예술적으로 뛰어나다고 말한다.

르네상스시대의 시 이론가들은 아리스토텔레스 미학의 영향권에 놓여 있었다. 또한 르네상스시대의 음악 이론가들은 정서적 및 도덕적 효과를 위해서 성악을 강조했고, 음악의 중요성을 인간 교육에 두었다.

르네상스 미학 이론 이후 미학은 대륙 합리론과 영국 경험론을 통해 발달했다. 대륙 합리론 철학의 시초를 장식하는 데카르트의 방법론은 나중에 비판적 미학 이론에 큰 영향을 미쳤다. 일반적으로 근대 철학은 인식론에 치우쳤으므로 대륙 합리론이나 영국 경험론에서는 미학 이론의 발달이 풍요로울 수 없었다.

데카르트의 합리론은 고전주의 미학 이론에 중요한 영향을 미쳤다. 그의 철학 방법론은 개념의 명석함에 대한 탐구, 엄밀한 연역, 기본 원리에 대한 직관적 확실성 등을 소유한다. 데카르트 이후 아리스토텔레스의 방법이 데카르트의 방법과 결합되면서 자연 법칙과 이성의 규칙을 따르는 것이 창조적 미술과 비판철학에서 중요해졌다. 그러므로 자연과 인간을 정확하고 명료하게, 보편적 이성 규칙에 따라 표현하는 것이 예술의 본질적 과제라는 견해가 지배적이었다.

18세기에 들어와서 바움가르텐(Alexander Baumgarten)은 데카르트의 합리론을 기초로 삼고 자신의 예술 형이상학을 체계화하려 했다. 그는 1735년에 발표한 『시에 연관되는 많은 것에 관한 철학적 명상(*Meditationes Philosophicae de Nonnullis ad Poema Pertinentibus*)』에서 미학(Aesthetica)이라는 개념을 처음으로 도입했다. 그는 시와 모든 예술이 특수한 형식, 계층, 인지 등을 포함한다는 사실을 해명했다.

바움가르텐은 합리론의 전통에 따라 명석한 관념과 애매한 관념 그리고 분명한 관념과 혼란한 관념을 구분했다. 바움가르텐에 의하면 시는 감각적 대화이기 때문에 명백하면서도 혼란한 개념이 하나의 구조 안에 얽혀 있는 예술 작품이다. 그러므로 어떤 시가 표면상 얼마나 명백한지의 여부는 얼마나 많은 명백한 관념이 시 안에 결합되어 있는지에 따라 결정된다는 것이다.

대륙 합리론 철학에 비해 영국 경험론은 예술심리학에 관심이 많았으며, 창조적 과정과 아울러 관객에게 미치는 예술의 효과에 주의를 기울였다. 경험론 철학의 시조 베이컨은 1605년에 출간한 『학문의 진보(*The Advancement of Learning*)』에서 상상력을 기억 및 이성과 동등하게 다루었고, 시의 특징을 상상력이라고 했다. 지금까지 합리론자들이 보기에 상상력은 단지 이미지(상)를 결합하는 능력이었고, 지성과 같은 높은 지위는 얻지 못했다.

홉스는 단순한 상상력과 복합적인 상상력을 구분했다. 생리학적 감각 운동이 정지할 때 남는 이미지(상)를 산출하는 상상력은 수동적인 단순한 상상력이다. 그러나 복합적인 상상력은 과거의 이미지를 재배열함으로써 고귀한 이미지를 산출한다. 또 홉스는 정신의 연속된 사유는 일반적인 연상 법칙에 의해 가능하다고 설명했다. 흄은 연상 이론을 체계적으로 발전시켰는데, 흄의 연상주의는 예술의 즐거움을 밝히는 중요한 이론을 담당했다.

흄에 의하면 우리의 앎은 경험 지각에 의해서 성립한다. 지각은 인상과 관념에 의해 성립된다. 인상은 생생한 경험 지각이고, 이것이 약해지면 관념이 된다. 앎은 대부분 경험적 습관에 의해 얻는다. 그런데 경험적 습관에는 관념을 형성하는 세 가지 원칙, 즉 유사성, 근접성, 인과율이 있다.

예컨대 어떤 사진을 보고 "이건 내 동생이다"라고 하지만 실은 현실의 동생과 사진 속의 인물이 유사할 뿐이고, 사진은 종이에 지나지 않는다. "서울-한강"이라고 말하면 "런던"이라는 말에 곧 "템스 강"이라고 말하는데, 이는 근접성의 원칙에 의한 것이다. 그러나 근접성은 습관에 의해 생긴 법칙이고, 불변하는 것이 아니다. 그리고 주먹으로 때리면 아프다고 생각할 경우 인과율의 법칙을 제시하지만, 인과율 역시 영원불변하는 이성의 법칙이 아니라 경험적 관습에 의해 생긴 것이라는 주장이 바로 흄의 입장이다.

새프츠베리(Earl of Shaftsbury)는 아름다움과 덕의 동일성을 강조했다. 그는 미적 형식과 도덕적 형식 양자에서 조화를 파악하는 마음의 눈을 도덕감(moral sense)이라고 불렀다. 그런가 하면 허치슨(Francis Hutcheson)은 새프츠베리의 내적 감각을 받아들이고 아름다움의 감각은 아름다움이라는 관념을 형성하는 힘이라고 보았다.

영국에서는 18세기 후반에도 아름다움과 함께 여러 가지 미적 성질의 필요조건, 충분조건에 관한 연구가 계속해서 진행되었다. 버크(Edmund Burke)는 대상이 어떤 성질에 의해 우리에게 아름다움의 감정과 고상함의 감정을 생기게 하는지를 탐구했다.

근대 영국 경험론과 대륙 합리론은 계몽철학자 칸트에 와서 종합된다. 칸트 이후 피히테, 셸링, 헤겔은 독일 관념철학을 대변하며, 특히 셸링과 헤겔은 관념론의 입장에서 미학 이론을 체계화했다. 칸트는 『순수이성비판』에서는 순수이성을 해명하고 순수이성에 의해 자연 법칙을 탐구하려 했다. 『실천이성비판』에서는 실천이성을 밝히고 자유를 논하고 있다. 또한 『판단력비판』에서 자연과 자유를 연결하는 인간의 능력과 아울러 대상을 찾으려 했다.

칸트는 『판단력비판』에서 우선 아름다움이 어떤 것인지 알기 위해 기호 판단을 분석한다. 구상력 내지 상상력은 직관의 다양을 결합하는 능력이다. 구상력은 자유로운 유희와 표상이 가능하다. 기호 판단은 구상력을 기초로 삼고 거친 자극과 감격에서 벗어나서 자유로운 유희를 판단한다. 그러므로 아름다움의 개념은 결국 기호 판단(취미 판단 또는 맛 판단)에 의해 형성된다.

칸트는 『판단력비판』에서 아름다움과 숭고함의 판단이 어떻게 가능한지를 묻고, 그 답을 찾기 위해 아름다움과 숭고함을 분석한다. 칸트는 성질과 양, 관계, 양태(樣態)에 따라 아름다움을 분석한다. 우선 아무런 이해관계 없이 마음에 드는 것은 아름답다. 아름다움은 유쾌함, 선함과 함께 만족이지만 유쾌함, 만족과 구분된다. 유쾌함은 감각적 욕구의 대상이고 선은 도덕 법칙에 의해서 추구되지만, 아름다움은 아무런 이해관계(관심) 없이 마음에 드는 것이다. 또한 개념 없이 보편적으로 마음에 드는 것은 아름답다.

다음으로 아름다운 것은 목적에 대한 표상 없이 형식에 의해 합목적적으로 여겨진다. 여기에서 칸트는 자유로운 아름다움과 종속적 아름다움을 구분한다. 산이나 강의 아름다움은 자유로운 아름다움이다. 그러나 건물의 아름다움은 종속적 아름다움이다. 건물의 아름다움은 대상과 개념의 일치를 전제로 하기 때문이다.

마지막으로 개념 없이 필연적으로 만족을 가져다주는 것은 아름답다. 여기에서 필연성은 감정에 의해서 규정될 수 있는 공통 감각을 전제로 한다.

칸트가 말하는 숭고함은 그 자체로 마음에 들기 때문에 아름다움과 일치하면서도 여러 면에서 아름다움과 구분된다. 제약성(조건)에서 성립하는 대상 형식은 자연의 아름다움이다. 그러나 무제약성에서 성립하는 대상 형식은 바로 숭고함이다. 아름다움은 성질에 의해 주로 좌우되지만, 숭고함은 양에 의해 크게 좌우된다. 칸트는 숭고함을 수학적 숭고함과 역학적 숭고함으로 나눈다. 예컨대 엄청나게 큰 산은 수학적 숭고함의 느낌을 준다. 또 도도하게 흐르는 황하는 역학적 숭고함의 느낌을 가져다준다.

칸트는 예술적 천재에 관한 이론을 제시했다. 물론 현대의 미학 이론가들은 천재를 부정하지만 적어도 낭만주의 이후 니체까지만 해도 예술적 천재를 인정했다. 칸트에 의하면 예술은 작품을 산출하면서도 작품을 성숙시키므로 아름다운 예술은 그것이 자연인 한에 있어서 예술이다. 예술적 천재란 구상력(상상력), 이성, 정신 그리고 취미(기호, Geschmack)에 있어서 탁월하다.

칸트에 의하면 천재란 모방정신에 능한 재능이 아니고 예술에 규칙과 아름다움을 부여하는 재능이다. 칸트는 예술창조자와 예술평론가를 엄밀하게 구분했다. 예술평론가는 기호 판단에 의해 예술의 아름다움을 논의한다. 그러나 예술창조자는 천재의 재능으로 아름다운 예술을 창조한다.

미학에 있어서 칸트의 기본 입장은 미적 관념론에 해당한다. 미적인 것은 윤리적으로 선한 것의 상징이다.『판단력비판』은 미학과 윤리학이 목적론에서 만난다고 본다. 목적론에서 목적은 물자체(物自體, Ding-an-sich) 내지 신이다. 결국 칸트 철학의 체계는 물자체 내지 신이 가장 핵심적이고, 그것을 기초로 실천적 선이 굳게 자리 잡고 있으며, 그 위에서 진리 인식이 가능한 것이다.

칸트 이후 셸링과 헤겔에 이르러서 독일 관념론의 미학이 꽃피게 되었다. 셸링은 우선 정신적 자아와 물질적 자연의 대립을 예술 관념에 의해서 해소시키려고 했다. 우리가 예술적 직관을 가지는 순간 자아는 의식적이면서도 무의식적이다. 예술적 직관 안에는 숙고로서의 예술과 영감으로서의 시가 공존한다. 따라서 직관 안에서 자아와 자연은 갈등과 모순을 해소하고 조화를 이룬다.

관념론적 미학 체계를 완성한 것은 헤겔이다. 헤겔은『정신현상학(*Phänomenologie des Geistes*)』에서 세계 원리인 절대정신의 이념은 변증법적으로 전개되는데, 자연, 예술, 종교, 철학 등을 통해 이념이 구현된다고 한다. 예술에서 절대정신의 이념은 감각적 형태로 나타난다. 감각적 형태의 예술은 변증법적으로 전개된다.

예술의 변증법적 발전은 세 단계를 거친다. ①상징적 예술: 주로 매체(재료)에 압도당하는 아시아적 예술. 아시아적 예술은 소재 내지 매체 중심의 예술로서 절대정신 이념의 가장 초보적인 실현 단계다. ②그리스, 로마의 고전적 예술: 이념과 매체가 조화를 이루는 예술이다. ③낭만주의 예술: 근대 시민사회의 예술이며, 이 단계에서는 절대정신의 이념(이상적 관념)이 매체를 지배하므로 완전한 예술이 성립한다. 다시 말해 낭만주의 예술은 상징적 예술과 고전적 예술의 통일이다.

현대에 들어와서 미학은 낭만주의, 상징주의 등의 명칭을 가지고 발전해 왔으나 다원주의적 세계관과 아울러 해체주의 철학이 지배하면서부터 현대 미학의 경향 역시 다양한 방향으로 발전하고 있다. 현대 미학은 콜리지(Samuel Taylor Coleridge), 베르그송 등의 형이상학적 미학, 산타야나(George Santayana), 듀이 등의 자연주의, 오그던(Charles Kay Ogden)이나 리처즈(Ivor Armstrong Richards) 등의 기호학적 접근, 마르크스-레닌주의, 현상학, 해석학, 실존주의 등 매우 다양한 입장에서 활발하게 논의되고 있는 실정이다.

현대 철학의 갈래에서
길을 찾는다

헤겔 관념철학이 무너지면서 시작된 현대 철학

현재 진행형인 현대 철학의 이론들

헤겔 관념철학이 무너지면서 시작된 현대 철학

보통 우리는 역사가 발전한다고 하는 소위 발전사관을 자명한 역사의 법칙으로 믿고 있다. 그러나 조금만 여유를 가지고 반성해 보면 도대체 역사란 무엇이며 또 발전이란 무엇을 뜻하는지 의심하게 된다. 물론 지배적인 것은 발전사관이지만, 이것 말고도 몇 가지 사관을 살펴볼 필요가 있다.

역사는 문화나 문명의 전개 과정이다. 인간의 정신적 업적은 문화이며, 물질적 업적은 문명으로 알려져 있다. 그러나 요새는 문명과 문화를 인간의 정신적 및 물질적 업적으로 여기므로 문명과 문화를 거의 동일한 의미에서 사용하는 경향이 지배적이다. 발전은 완전성과 절대성을 목표로 삼고 진전하는 상태를 말한다.

인간과 사회를 모두 지배하고 있는 사관은 발전사관이다. 문화를 구성하는 주요 요인인 학문(철학을 포함하여), 예술, 도덕, 종교 등은 모두 발전사관을 고수한다. 완전하고 절대적인 자동차, 비행기, 의생명 기술, 정보통신 등을 만들어내는 것이 인간의 희망 사항이다. 현실적으로 인간 존재는 낙천적인 세계관의 소유자다. 인간은 완전하고 절대적인 삶을 믿고 무한한 발전의 수레바퀴를 쉬지 않고 돌리고 있다.

그러나 토인비(Arnold Toynbee)와 같은 사학자는 역사가 흥하고 망하며 순환한다는 순환사관을 주장한다. 그런가 하면 슈펭글러(Oswald Spengler)와 같은 사람은 결국 인간의 역사는 몰락하고 만다는 몰락사관을 주장한다. 그러나 쇼펜하우어는 혼돈사관을 피력한다. 쇼펜하우어에 의하면 삶과 세계의 원천은 삶에의 의지인데, 이 의지는 맹목적 의지이므로 카오스(혼돈)에 지나지 않는다. 따라서 역사는 혼돈의 역사일 수밖에 없다. 그런가 하면 포퍼와 같은 사회철학자는 역사란 사학자들이 기록한 인위적인 기록물에 지나지 않으며, 역사 자체는 존재하지 않는다고 조심스레 말한다.

현대 철학을 과거의 철학의 발전으로 볼 것인가 아닌가는 사관(史觀)의 입장에 달려 있다. 그러나 현대 철학에 대해서 말할 수 있는 것은 그것이 과거의 철학에 대한 반성 및 비판의 결과물이라는 사실이다. 확실히 현대 철학의 대부분의 경향은 헤겔 관념론 철학의 해체를 통해 발생한 것이라고 할 수 있다. 나로서는 역사는 변화하는 인간과 사회의 발자취라고 말하고 싶다.

인간은 욕망을 충족시키되 공동체 사회를 유지하면서 이익 사회로부터 공동체 사회로 나아가려고 애쓰지만, 역사에는 소위 보편 필연적 법칙이 존재하지 않는다. 철학의 흐름을 보아도 일반적으로 그리스, 기독교 전통에 따라서, 특히 로고스(이성)와 피데스(신앙)에 따라서 철학 역시 완전성과 절대성을 추구해 왔다. 그러나 현대 철학의 경향들이 과거 전통 철학에 대반란을 일으킨 것이 사실이다.

특히 현상학, 실존주의, 마르크스주의, 실용주의, 포스트모더니즘 등은 전통 철학의 해체를 강력히 외치며 미세담론을 제시하는 경향이 짙다. 대부분의 현대 철학의 경향은 과거의 전통 철학을 독단론으로 낙인찍는다. 수많은 개별 과학들, 무엇보다도 자연과학과 공학의 발달은 우리의 안목을 넓혀주었으며 동시에 다원적 관점을 가지고 세계를 바라보게끔 해주었다. 또한 우리는 인간이 역사와 문화의 창조자이자 피조물이라는 사실을 명백히 알게 되었다. 게다가 일부의 현대 철학자들은 지금까지의 전통 철학이 욕망, 충동, 심층 의식 등을 지나치게 도외시했다는 것을 깨닫고, 은폐되고 무시당했던 인간의 능력을 되찾으려는 노력을 기울이고 있다. 따라서 우리는 가능한 한 다원적 미세담론에 의해 가능한 한 열린 삶과 사회를 추구하는 데 초점을 맞추어야만 한다.

한마디로 서양 철학의 흐름을 말하자면 그것은 크고 작은 호수와 강줄기의 연속이다. 그리스 철학은 자연철학 시대, 인성론 시대, 체계의 시대, 윤리-종교 시대로 구분된다. 여기에서 거대한 철학의 호수는 체계의 시대를 수놓는 플라톤과 아리스토텔레스의 철학이다. 그들 이전과 이후의 철학은 크고 작은 강줄기다. 플라톤과 아리스토텔레스 철학은 그들 이전의 모든 철학을 한꺼번에 녹여서 종합함으로써 독자적인 '로고스의 완전성' 철학, 곧 합리주의 철학의 주춧돌을 굳게 마련했다.

플라톤, 아리스토텔레스라는 거대한 두 호수에서 크고 작은 강줄기가 흐르다가 중세에 이르러 아우구스티누스와 아퀴나스라는 커다란 두 호수에서 강물들이 합쳐졌다가 다시 흘러나온다. 르네상스 철학의 호수를 지나서 흐르던 강물은 대륙 합리론, 영국 경험론의 큰 강줄기들로 만났다가 칸트라는 큰 호수에 모인 후 다시 독일 관념론의 강물로 흐르면서 헤겔 철학의 호수에서 정신적으로 종합된다.

현대 철학의 시발점은 19세기 초·중반으로 잡을 수 있다. 일반적으로 헤겔 관념철학의 붕괴를 현대 철학의 시초라고 할 수 있다. 쇼펜하우어는 박사 학위를 마치자마자 당시 유럽의 저명한 철학자였던 헤겔의 강의 시간과 똑같은 시간에 헤겔의 강의실 바로 옆 강의실에서 철학 강의를 했다고 한다. 쇼펜하우어는 헤겔의 변증법적 관념론 철학에 반대하여 그것이 무가치하다는 것을 증명하려고 했던 것이지만, 학생들이 서너 명밖에 수강하지 않아서 곧 폐강된 것으로 전해진다.

대부분 현대 철학의 경향은 반(反)헤겔주의의 결과물이고, 그 양상도 매우 다양하게 나타났다. 해석학, 현상학, 생철학, 실존주의, 실용주의, 구조주의, 철학적 인간학, 마르크스주의, 논리적 실증주의, 신마르크스주의, 언어철학, 포스트모더니즘 등 다양한 현대 철학의 경향은 독단론을 해체하고 다원주의의 입장에서 미세담론을 전개하고자 한다.

위의 다양한 현대 철학의 경향은 다시 크게 세 가지 경향으로 정리할 수 있다. ①선험적 의식에 대한 반성의 경향: 전통 철학은 경험에 앞서는 본래적 이성 의식이 있다고 확신했지만, 이러한 사실에 대한 비판적 반성이 강하게 나타났다. 이런 견해를 대변하는 것은 딜타이의 삶의 철학, 하이데거의 실존주의 등이다. ②분석철학의 경향: 취급하는 대상이 무엇이냐에 따라서 분석철학은 일상언어철학, 기호논리학, 과학철학 등으로 나뉜다. 경험적 관찰, 검증, 언어 분석 그리고 명제의 참과 거짓에 대한 판단 등이 분석철학의 특징이다. ③포스트모더니즘의 경향: 현대 프랑스의 철학자들인 푸코, 리오타르(Jean-François Lyotard), 데리다(Jacques Derrida) 등을 포스트모더니즘(해체주의)의 대변자로 여기지만, 20세기의 많은 사상가들은 대부분 해체주의의 특징을 가지고 있다.

키르케고르와 니체의 영향 아래에서 포스트모더니즘은 근대 합리주의에 의해 인간의 삶과 사회가 병들었다고 진단한다. 따라서 포스트모더니즘은 탈근대성을 부르짖으면서 다원주의적 입장에서 삶과 사회의 문제들을 미세담론에 의해 해결하고자 한다.

여기에서는 현대 철학의 중요한 경향을 개괄적으로 간략히 살펴보기로 하겠다. 해석학(解釋學, Hermeneutik)은 그리스의 신 헤르메스(Hermes)에서 생긴 개념이다. 헤르메스는 제우스와 마이아(Maia)의 자식으로서 신들과 인간들 사이에서 다양한 일을 전달하는 매개자의 역할을 담당하는 신이다. 해석학은 '해석하는 방법'을 핵심 내용으로 가진다. 해석학은 인문학의 방법 문제를 다루면서 등장한 철학적 방법론이었다. 해석학은 슐라이어마허(Friedrich Schleiermacher), 딜타이, 가다머 등에 의해 철학적 의미를 지니기 시작했다.

슐라이어마허는 플라톤 전집을 번역하면서, 번역에 있어서는 우선 문법에 맞는 정확한 해석이 필요하고 다음으로는 의미의 해석이 중요하다고 생각했다. 그는 결국 삶을 옳게 이해하기 위해서는 삶의 의미 해석이 무엇보다도 중요하다고 보았다.

딜타이는 "우리는 자연을 설명하고 정신생활을 이해한다"라고 말했다. 딜타이에 의하면 '이해하는 방법'이 정신과학의 특징이다. 그가 말하는 정신과학은 역사과학이나 문화과학 또는 인문과학(인문학)이라고도 일컬어진다. 딜타이는 궁극적으로 삶 자체가 해석학적이라고 주장했다. 이해는 정신과학의 방법을 넘어서서 삶의 가장 본질적인 현상이라는 것이 딜타이의 견해다.

딜타이에 의하면 이해는 해석학적 순환 구조를 가지고 있다. 체험과 표현과 이해가 바로 해석학적 순환 구조다. 우리는 삶에서 체험한 것을 표현하고 표현한 것을 이해하는데, 이러한 구조는 끊임없이 순환한다. 딜타이에 이어서 하이데거는 이해를 인간 존재의 실존적 구성으로 보았다. 인간 현존재는 본래부터 존재 이해를 가지고 있다는 것이다. 딜타이는 삶의 해석학을 제시한 데 비해, 하이데거는 실존의 해석학을 제시했다고 볼 수 있다. 하이데거가 말하는 실존은 자신의 삶을 스스로 결단하는 현존재(Dasein) 인간을 말한다.

현상학(Phänomenologie)은 해석학과 함께 대표적인 현대 철학의 방법론이라고 할 수 있다. 현상학은 후설에 의해서 기초가 구축되었고 하이데거, 메를로퐁티 등에 의해 변형되고 발전되었다. 후설 현상학의 중요한 용어는 '사태 자체로(zur Sache selbst)', 현상학적 환원, 형상적 환원, 선험적 환원, 지향성 등이다.

후설 현상학의 기본적인 동기는 다음과 같다. 첫째, 후설은 철학을 엄밀하고도 보편적인 순수 학문으로 정립시키려 했다. 그가 생각하기에 대부분의 전통 철학은 세계관적 전제나 개인적 성향에 물들어 있으므로, 그는 그런 것들로부터 철학을 해방시키고자 했다. 둘째, 후설은 주관적 경험을 떠난 선험적 학문으로서의 기초학, 곧 철학을 정립하려고 했다. 셋째, 후설은 이 선험적인 것을 칸트처럼 순수 인식의 형식에서 찾으려고 하지 않고 직접 직관에 주어지는 의식의 본질에서 찾고자 했다. 넷째, 후설은 철학과 실질적 문화 내용의 단절에서 벗어나 철학

과 실질적, 적극적인 것과의 결합을 회복함으로써 공동 존재(Mitsein)
의 근거를 제시하고자 했다.

후설이 '사태 자체로!'라고 할 때 사태 자체는 의식의 본질과 구조를
뜻한다. 후설은 종래의 주관과 객관의 구분을 해소시키려 했다. 또한
그는 전통적 인식론에서의 감성, 오성(悟性), 이성, 의지 등 인간 능력
의 구분이 설득력이 없다고 보고, 인간의 능력을 모두 합하여 의식(das
Bewußtsein)이라고 했다. 나중에 메를로퐁티는 후설의 생각을 확장해
서 몸이 지각하고 의식한다고 주장함으로써 최근의 몸철학의 시초를
장식했다.

후설 현상학의 핵심 개념은 현상학적 환원이다. 즉, 의식의 본질과
구조로 되돌아가보자는 것이다. 현상학적 환원은 우선 형상적 환원
(eidetische Reduktion)을 거치고 다음으로 선험적 환원(transzenden
Reduktion)을 거친다. 이 두 가지 환원을 거치면 의식의 본질과 구조
를 알게 되고, 의식의 본질과 구조를 바탕으로 엄밀한 학문으로서의
철학을 구성할 수 있다는 것이 후설의 생각이었다.

우선 경험적, 자연적 고찰법을 괄호 치기(Einklammerung)함으로써
시간·공간적인 사실에 관한 명제들을 일단 판단 중지(epoche)한다.
이 단계가 바로 형상적 환원이다. 다음 단계에서 내재적 세계로서의
순수 의식 영역이 나타나는데, 이 단계는 선험적 환원의 단계다. 불교
에서는 마음을 닦기 위해서 먼저 온갖 망상과 잡생각을 쫓아버려야 한
다고 말한다. 이러한 단계가 바로 경험적, 자연적 고찰과 사실에 관한
명제를 괄호 안에 묶어놓고 판단을 중지하는 형상적 환원의 단계다.

다음으로 선험적 환원에 의해 의식은 주관적 의식(나)과 객관적 의
식(너 또는 객관 대상)의 구분을 버리고 지향성(Intentionalität)으로 드

러난다. 즉, 의식의 본질은 상호 주관성(Intersubjektivität)이다. 이 상호 주관성은 생각된 의식과 생각하는 의식의 구조, 곧 노에마-노에시스적 구조(noematisch-noetische Struktur)를 가지고 있다.

후설의 현상학은 아리스토텔레스의 존재론, 데카르트의 합리주의, 칸트의 비판철학, 볼차노(Bernard Bolzano)의 논리주의, 브렌타노(Franz Brentano)의 기술적 심리학 등을 종합하면서 엄밀한 학문으로서의 철학을 구축하고자 했다. 후설의 현상학은 후설 이후의 철학뿐만 아니라 논리학, 미학, 윤리학, 사회학, 법학, 교육학, 문학 등에 지대한 영향을 미쳤다.

삶의 철학을 대변하는 사람들로는 쇼펜하우어와 베르그송을 들 수 있다. 삶의 철학은 삶(생명)을 세계의 근원적 원리 내지 실재로 보고 이성, 정신, 물질 등은 2차적인 것으로 여긴다. 동서양의 고대인들은 자연 만물이 살아서 움직인다는 물활론(物活論, animism)의 입장을 지녔는데, 물활론은 원시적 형태의 삶의 철학이라고 할 수 있다.

삶의 철학자들은 사물의 참다움이란 이성적·합리적 사고에 의해 파악되지 않고 직관이나 체험에 의해 공감된다고 주장한다.

쇼펜하우어는 칸트에게서 지대한 영향을 받았지만 칸트를 비판하면서 물자체(物自體, Ding an sich)는 인식 불가능한 것이 아니고 직관에 의해 파악되는 삶의 의지(Will zum Leben)라고 한다. 이 세상은 지성이 파악하는 현상이지만, 이 현상의 근거 내지 원리는 직관에 의해 파악되는 삶의 의지다. 삶의 의지는 생명력이 꿈틀거리지만 방향감각은 없는 카오스(혼돈)이므로 맹목적 의지다. 맹목적 의지 때문에 인간의 삶은 고통스럽다. 쇼펜하우어는 고통으로부터 해방되기 위해서 삶의 의지를 부정하고 열반(Nirvana) 상태에 들어가야 한다고 주장했다.

니체는 쇼펜하우어의 맹목적인 삶의 의지를 염세주의로 낙인찍고 삶의 의지 대신 긍정적이며 창조적인 힘의 의지(Wille zur Macht)를 세계의 근거 내지 원리로 제시했다. 베르그송은 『창조적 진화』를 통해 긍정적인 삶의 철학을 체계화했다.

베르그송에 의하면 삶은 창조적 활동성 자체이며 순간순간 새롭게 자기 자신을 창조해 가는 삶의 약진(élan vital)이라는 힘을 바탕으로 가지고 있다. 삶의 약진은 스스로 발전하여 동물적 본능과 인간의 지성 두 방향으로 발전한다. 그런데 생물의 진화론의 역사에서 인간은 유일하게 철학할 줄 아는 동물이다. 인간은 본능과 지성을 가지고 있으면서도 이 두 가지를 떠나서 내적 직관 내지 공감의 능력을 가지고 있다. 인간은 내적 직관에 의해 삶의 순수 지속(durée pure)의 내면 깊이 파고 들어가서 삶과 하나가 될 수 있다.

프랑스의 실존주의 철학자 사르트르는 "실존은 본질에 앞선다"라고 했다. 헤겔의 합리주의적 관념론 철학 체계를 제일 먼저 맹공한 것은 쇼펜하우어의 삶의 철학이었지만, 그에 못지않게 헤겔의 법칙적인 관념변증법 철학을 강타한 것은 키르케고르가 앞장선 실존주의 철학이다. 어떤 프랑스 학자는 실존주의를 유신론적 실존주의(키르케고르, 마르셀, 야스퍼스 등)와 무신론적 실존주의(니체, 하이데거, 사르트르 등)로 나누었다. 이와 같은 구분은 실존주의의 상세한 내용을 보지 않고 겉모습에만 치우친 편파적인 입장에서 나눈 것이다. 실존주의는 유신론적이냐, 무신론적이냐를 떠나서 어떻게 사는 것이 실존(Existenz)이냐를 밝히는 데서 근본적인 의미가 드러날 것이다.

미적 실존에서 윤리적 실존으로 비약하기 위해서, 그리고 윤리적 실존으로부터 종교적 실존으로 비약하기 위해서는 비약이 필요하다. 비약은 바로 결단이다. 자기 삶의 결단(비약)이 없으면 인간은 '죽음에 이르는 병', 곧 절망에서 벗어날 수 없고 신앙의 빛을 볼 수 없다는 것이다.

야스퍼스, 하이데거, 사르트르 등은 모두 키르케고르에게서 큰 영향을 받고 각자 나름대로 실존주의 철학을 발전시켰다. 니체는 실존주의와 함께 삶의 철학의 성격을 가지고 종래의 합리주의 철학 전통을 비합리주의에 의해 모두 해체하고자 했다. 니체는 합리주의 철학을 데카당스(퇴폐주의)나 허무주의로 낙인찍고, 힘의 의지를 바탕으로 삼은 창조적 문화를 건설하려 했다.

실용주의는 현대 미국 철학을 대변한다. 퍼스, 제임스, 듀이 등이 대표적인 실용주의 철학자들이다. 퍼스는 개념(concept)의 의미를 실천적 결과에 의해서 명석하게 판정하는 태도를 존중했다. 퍼스의 인식론은 발상법(發想法, abduction)인데 기호론(semiotics)을 기초로 삼았다. 기호론의 요소는 기호, 대상, 해석자, 해석이다.

발상법이란 발전적 과학 지식에서 관념을 가설적으로 설정하는 시초의 방법인데, 이로부터 연역법에 의해 어떤 결과가 생길지 예견한다. 마지막으로 예견된 결과가 과연 사실과 일치하는지 귀납법으로 검증한다.

제임스의 실용주의 진리관은 미국식 실용주의를 그대로 대변한다. 제임스에 의하면 진리란 보편, 필연적인 것도 아니고 영원불변하는 것도 아니다. 진리란 우리의 실제 생활에 유용성(utility)을 가져다주는 편의에 불과하다는 것이다.

　듀이는 실용주의를 종합함으로써 도구주의(instrumentalism)를 제시했다. 듀이는 칸트의 비판철학, 헤겔의 변증법, 다윈의 진화론의 영향을 받았다. 듀이는 『탐구의 논리(*Logic The Theory of Inquiry*)』에서 철학의 핵심 과제를 탐구라고 했다. 탐구는 문제 상황을 해결하여 보증된 언명 가능성에 도달하는 행위다. 문제 상황은 불확정한 정세, 가설형성, 추리, 실험, 확정된 정서 등의 단계를 거쳐서 해결될 수 있다.

　듀이에 의하면 문제 상황을 해결하는 인간의 능력(도구)은 창조적 지성이다. 창조적 지성에 의존하는 관념, 견해, 개념 등은 모두 문제 상황 해결에 기여하는 도구다. 듀이는 성공적인 탐구 과정 자체를 진리라고 말한다. 듀이는 『민주주의와 교육(*democratic education*)』에서 탐구 과정에 대한 교육이 인류 문화 발전의 기초가 되어야 한다고 강조한다. 또한 민주주의 체제만이 인격체 인간과 열린사회를 가능하게 할 수 있는 교육의 장이라고 말한다.

현재 진행형인
현대 철학의 이론들

앞에서 현대 철학의 경향을 해석학, 현상학, 삶의 철학, 실존주의, 실용주의 등을 설명하며 간략하게 살펴보았다. 적어도 헤겔 관념론 철학에 이르기까지 철학의 대세는 거대담론이었다. 즉, 과거의 철학은 일반적으로 본질철학에 충실했으며 불변하는 존재 근거(원리), 선, 미적 가치 등을 주장했다. 보편 필연적이며 불변하는 진, 선, 미의 근거나 원리를 주장하는 철학을 일컬어서 거대담론이라고 할 수 있다.

현대로 접어들면서 수많은 개별 과학이 눈부시게 발전함에 따라 현대 철학의 여러 경향은 지식의 폭이 자연히 넓어질 수밖에 없었다. 그 결과 철학도 여러 경향으로 갈라져서 입장을 표명하게 되었다. 다원주의적 견해가 우세해지면서 독단적 거대담론은 해체의 대상이 될 수밖에 없으며, 대부분의 현대 철학의 경향은 미세담론의 성격을 띠게 되었다.

　지금부터 구조주의, 철학적 인간학, 마르크스주의, 논리적 실증주의, 신마르크스주의, 언어철학, 포스트모더니즘 등에 관해 개략적으로 설명하려 한다. 『철학의 오솔길』은 세상의 온갖 고뇌를 다 짊어지고 오만상을 찌푸린 사람을 위한 산책길이 아니다. 내가 보여주는 오솔길은 싱그럽고 상큼한 봄내음이 풍기는 가벼운 사색의 산책길이다.

　구조주의는 소쉬르(Ferdinand de Saussure), 레비스트로스(Claude Lévi-Strauss), 카시러(Ernst Cassirer), 딜타이 등으로 대변되는 현대 철학의 한 경향이다. 레비스트로스는 마르크스, 프로이트와 지질학의 영향을 받아 구조주의를 착상했다. 레비스트로스는 『슬픈 열대(*Tristes Tropiques*)』에서 구조주의의 세 가지 특징을 이렇게 언급했다. ①대상이나 사태에 대한 참다운 이해는 하나의 현실 유형을 다른 유형으로 환원시킴으로써 가능하다. ②참다운 현실은 결코 표면으로 드러나지 않는다. ③진리는 본질적으로 자신을 은폐하려는 면밀함에서 암시된다.

　레비스트로스는 『구조적 인류학(*Anthropologie structural*)』에서 구조주의 언어학(프라하 학파)에서 말하는 언어 현상과 친족 관계를 탐구하면서 친족 관계의 기본 구조를 찾으려고 했다. 친족 관계의 기본 구조는 교환 법칙에 의해 성립한다. 레비스트로스에 의하면 가족 내지 씨족 사이에서 교환되는 사절의 역할을 담당하는 것은 여자들이다. 여자들의 교환에 의해 문화의 시초가 성립했다는 것이 레비스트로스의 주장인 것이다. 가까운 혈통의 여자를 성적 본능 충족의 대상으로 여기지 않고 다른 씨족의 여자들과 교환함으로써 여자는 사회라는 관계

체계의 기호가 되었다. 문화 간 상징(기호)의 해석이므로 레비스트로스의 구조주의는 상징주의적 성격을 가진다.

친족 관계의 기본 관계에 대한 연구에 뒤이어 레비스트로스는 토테미즘을 연구한다. 토테미즘은 자연과 문화라는 대립 개념들이 일정 형식으로 결합한 것이다. 따라서 토테미즘은 보편적인 구조에 따라 나타나는 현상에 지나지 않는다. 레비스트로스의 구조주의는 공간적 신화로부터 시간적 신화로의 변천을 보여준다. 또한 그의 구조주의는 감성적 성격에 대한 논리로부터 심층적 현상들의 논리로 진행하는 명백한 변천을 표현한다.

철학적 인간학은 셸러에 의해 1920년대 현대 철학의 한 경향으로 등장했다. 16세기에 이미 인간학(Anthropologie)이라는 개념이 생겼고, 18세기에는 생물학적 인간학의 연구가 활발했으며, 19세기에는 자연과학적 인간학이 '인간학회'에서 연구되었다. 셸러는 『우주에 있어서 인간의 위치(*Die Stellung des Menschen im Kosmos*)』에서 철학의 모든 중심 문제는 "인간이 무엇인가?"라는 문제로 귀착된다고 했다.

데카르트부터 칸트에 이르기까지 철학자들은 인식론을 철학의 핵심 과제로 탐구했다. 그러나 셸러에 의하면 인식은 의식 기능 중 하나에 불과하다. 인식이나 의식은 전체적인 인간의 삶의 일부다. 셸러의 철학적 인간학(philosophishe Anthropologie)은 인식론적 및 형이상학적 인간 이해를 반대하고 인간 주체를 철학의 기초로 삼아야 한다고 주장한다.

그러나 란트만(Michael Landmann)은 셸러의 철학적 인간학을 개인적 인간학이라고 비판한다. 즉, 셸러의 철학적 인간학은 인간을 사회와 문화와의 연결에서 파악하지 못했다는 것이다. 인간이라는 개념 자체는 개체 존재로서의 개인을 뜻하지 않고 사회적 존재를 지칭하기 때문이다. 란트만의 철학적 인간학은 문화적 인간학이다.

카시러는 인간을 가리켜서 상징적 동물(animal symbolicum)이라고 일컫는다. 그에 의하면 인간은 감수 체계와 작용 체계를 가지고 있고, 이 둘 사이에 존재하는 상징 체계가 있다. 인간은 상징적 우주 속에서 살고 있는데, 신화, 예술, 종교 등은 상징적 세계를 구성하는 요소다. 인간은 상징 능력을 통해 무한한 자유의 세계를 개척할 수 있었던 것이다.

엥겔스는 『반(反)뒤링론(Anti-Düring)』에서 마르크스주의는 철학, 정치경제학, 사회주의 등 세 가지로 구성되어 있다고 했다. 레닌은 마르크스의 사상적 원천으로서 헤겔의 변증법, 영국의 고전 경제학(자본주의), 프랑스혁명 등 세 가지를 들었다. 마르크스는 내가 『철학의 끌림』이나 『프로이트의 정신분석학 이야기』에서 지적한 것처럼 니체, 프로이트, 아인슈타인 등과 함께 현대의 혁명적 사상가 중 한 사람이다.

결론적으로 말해서 마르크스는 열정적이며 이상적인 실천철학자이자 휴머니스트다. 그는 철저한 이론적 인식론, 윤리학, 형이상학, 미학 등을 모두 결여하고 있으나, 어떤 다른 사상가들보다도 현실적 인간의 자유, 평등, 행복의 구현을 강하게 갈망했다. 그러므로 마르크스 철학은 '전통 철학처럼 세계를 해석하지 않고 세계를 변화시키는 데' 초점을 맞추었다.

그런데 마르크스가 죽은 후 현실적으로 공산당 독재는 수단이나 과정이 아닌 절대권력으로 변했고, 공산당 독재로 인해 더 혹독한 계급 갈등이 생기고 인권 침해가 성행했다.

포퍼와 같은 사회철학자는 플라톤, 헤겔과 함께 마르크스를 열린사회의 대표적인 적으로 꼽기까지 했다. 거대담론을 현실적으로 붕괴하고 미세담론을 실천으로 옮기려고 했던 마르크스는 지나친 이상(理想)으로 인해 오히려 거대담론의 독단적 틀에 갇혀버리고 말았다.

논리적 실증주의는 비엔나학파를 중심으로 발전한 현대 철학의 한 경향이다. 논리적 실증주의는 경험적 실증주의 또는 논리적 경험론이라고도 일컬어졌다. 최근 논리적 실증주의는 유럽에서 미국으로 건너간 폴란드의 의미론(semantics)과 실용주의가 결합하여 넓은 의미의 과학적 경험론(scientific empiricism)으로 불리고 있다.

논리적 실증주의는 사변철학에 대립하는 분석철학에 속한다. 해석학, 현상학, 삶의 철학, 실존주의 등이 사변철학에 속한다면, 과학철학이나 논리적 실증주의 그리고 기호논리학 등은 분석철학에 속한다고 볼 수 있다. 대체로 분석철학은 논리적 실증주의 입장과 일상언어학파 등 두 가지 경향으로 나뉜다.

논리적 실증주의는 비엔나학파를 중심으로 시작된 경향으로, 철학을 과학화해야 한다고 주장한다. 자연언어를 다듬기 위해서 기호 논리(symbolic logic)를 사용하여 엄밀한 인공언어로 철학을 과학화해야 한다는 것이다. 일상언어학파는 영국 경험론의 전통 아래에서 자연언어를 언어의 구조 형식에 맞게 명확하게 사용함으로써 철학의 문제를 해명할 수 있다고 주장한다.

비엔나학파의 슐리크(Moritz Schlick), 카르나프 등은 형이상학적 명제들은 분석적인 것도 아니고 과학적이거나 경제적인 것도 아니므로 거짓 명제이고 따라서 무의미하다고 한다. 또 에이어는『언어 논리 진리(*Language, Truth and Logic*)』에서 형이상학을 배격해야 한다고 말한다. 논리적 실증주의와 아울러 일상언어학파의 철학은 종래의 거대담론을 해체하고자 하는 대표적인 현대 철학의 경향이다.

신마르크스주의는 프랑크푸르트학파로도 일컬어진다. 호르크하이머(Max Horkheimer), 아도르노, 마르쿠제, 프롬(Erich Fromm), 하버마스 등이 대표적인 프랑크푸르트학파의 철학자다. 이들은 마르크스 사상은 현대적 상황에 맞추어서 재해석하고 재구성하려고 했다.

마르쿠제는 헤겔의 변증법 철학, 마르크스의 정치경제 사상, 프로이트의 문화 이론을 종합하면서 현대 산업 사회와 문명을 비판한다. 그는 현대 산업 사회를 세 가지 관점에서 분석한다. 첫째, 현대 사회는 기술의 원리에 의해서 지배되는 일차원적 사회다. 즉, 다양한 원리들이 소멸되고 말았다. 둘째, 기술의 원리는 생산과 파괴의 종합이라는 변증법적 원리의 역할을 담당한다. 셋째, 현대 사회에서는 일차원적 사회와 인간이 지배적이기 때문에 정·반·합(正·反·合)의 변증법적 운동이 정지되어 버리고 말았다. 따라서 마르쿠제는 창조적이며 다원적인 인간과 사회를 위해서 사회혁명이 반드시 요구된다고 주장했다.

하버마스는 마르크스주의의 이상을 경험적 사회과학에 의해 실현하려 했다. 노동자에 의한 사회 혁명은 더 이상 가능하지 않다. 따라서 의사소통(Kommunikation)만이 새로운 공동체 사회를 창조할 수 있는 최선의 방책이라는 것이 그의 입장이다. 신마르크스주의는 20세기 중반 이탈리아와 프랑스에서 마르크스의 혁명 이론을 실천적으로 수행하려는 움직임으로 나타나기도 했다.

현대에 들어와서 전통적인 인식, 실천, 윤리 등의 문제에 관한 해결의 실마리를 언어에서 찾으려는 일반적 경향을 일컬어서 언어철학이라고 할 수 있다. 현대 언어철학은 대륙의 해석학적 언어철학과 영·미의 분석언어철학 두 가지로 구분된다. 해석학적 언어철학은 다시 현상학적 언어철학, 구조주의 언어철학, 해석학적 언어철학으로 세분될 수 있다. 분석언어철학은 비트겐슈타인의 언어철학, 옥스퍼드학파 언어철학, 기호논리학 등으로 나뉜다.

일반적으로 언어철학은 언어의 의미를 밝히고자 한다. 다음으로 언어와 사유, 언어와 논리, 언어와 사회 등에 관해 탐구한다. 분석언어철학은 언어의 의미를 기호에서 찾으려 한다. 반면 해석학적 언어철학은 언어의 의미를 해석학적 체험의 매개물에서 찾는다.

비트겐슈타인, 러셀, 에이어 등이 분석언어철학의 입장을 대변하고, 하이데거, 야스퍼스, 가다머 등은 해석학적 언어철학을 대변한다.

우리는 포스트모더니즘을 해체주의로 이해하고 있다. 포스트모더니즘이라는 개념을 처음 표현한 것은 프랑스 신문 《르 몽드》다. 《르 몽드》는 푸코, 데리다, 리오타르 등 프랑스 현대 철학자들아 근대성과 현대성, 곧 이성 중심적 합리주의를 해체해야 한다고 주장하는 것을 일컬어서 포스트모더니즘이라고 했다. 해체가 비판이라고 한다면, 해체주의는 철학의 본질적인 과제다. 고대 그리스의 자연철학자들과 플라톤, 아리스토텔레스에게서 우리는 이미 해체주의를 발견한다.

그러나 현대에 들어와서 과거와는 비교도 할 수 없을 만큼 개별 과학의 발전이 눈부시게 이루어졌고, 철학은 개별 과학의 성과에 의존함으로써 지식의 폭과 깊이를 더할 수 있게 되었다. 특히 프랑스의 포스트모더니스트들은 이성, 실체, 불변하는 선 등을 해체함으로써 독단적 거대담론을 철학하기의 영역에서 추방하고자 했다.

포스트모더니스트들은 독단적인 거대담론을 물리치고 다원적인 미세담론을 전개함으로써 주체적, 자발적, 창조적인 인간상을 구축하고 열린사회를 구성하고자 한다. 포스트모더니즘, 곧 해체주의는 현재 진행 중인 현대 철학의 경향이다.

인류 문화는 끊임없이 변화한다. 인간은 문화의 창조자이며 동시에 문화의 피조물일 때 주체적 인간일 수 있다. 과연 얼마만큼 자발적이고 창조적이며 열린 인간과 사회를 만들어 나갈 수 있는지의 여부는 우리의 의지와 행동에 달려 있을 것이다.

나는 정처없이 방황한다

가끔 한창 싱그러운 젊은 철학 교수가 찾아와서 "선생님의 전공은 무슨 철학인가요?"라고 물을 때 나는 얼른 속으로 하이데거의 말을 떠올린다. "철학하는 사람 중에는 두 부류가 있다. 하나는 전문가이고 다른 하나는 사상가다." 하이데거 자신이야 물론 사상가라고 큰소리치고 싶었겠지만, 최대한 겸손한 척하느라 암시적으로 말했을 것이다.

나는 젊은 철학 교수에게 아무 말 하지 않고 마음속으로 말한다. "나는 전공이 없네. 하기야 소위 철학이라고 일컬어지는 많은 철학 동네들을 여행한 것은 사실이야. 지나고 보니 지난날 내 여행은 지금은 모두 망각의 늪에 깊이 가라앉아버린 짧디짧은 삶의 순간들이었어. 나라는 사람은 사는 날까지 가능하면 최선을 다해서 조금이라도 진지하게 살고 싶은 그저 평범한 인간이라네."

어쩌다 나 자신을 바라보면 깜짝 놀라곤 한다. 자연, 인간, 역사, 사회, 문화 등에 관해 아무것도 모르는 그야말로 '저능아'인 나 자신을 발견하는 순간 경악하지 않을 수 없다. 이런 저능아가 어떻게 철학 책을 읽고 또 학생들을 가르치고 철학 책을 쓰는지 자문할 때마다 나는 사유와 역사의 시초가 섬광처럼 빛나는 것을 느낀다.

예수는 자신을 길이요 진리이며 생명이니, 자신을 믿고 따르라고 했다. 소크라테스는 불변하는 사회 정의를 실현하자고 절규했다. 칸트나 헤겔 등 철학자들은 자신들이 영원한 진리를 안다고 장담했다. 철학 정신은 비판 정신이라고 외치는 수많은 철학자들은 자기들의 본래 주장은 까맣게 망각하고 독단적 질서만을 내세운다. 그들 역시 주관적으로 이기주의적 욕망 충족에 눈이 멀었고 지배욕에 불탄다.

인류 문화는 지금도 완전성과 절대성을 향해 무한 질주의 쳇바퀴를 돌리고 있다. 그리스의 이성(로고스)의 완전성과 기독교의 신앙(피데스)의 절대성은 인간이 만들어낸 허구 개념인데도 문화의 자명한 궁극적인 목적으로서 우리 인간을 질식시키고 있다.

나는 공허한 사막과 텅 빈 무인도를 오가며 "도대체 나는 누구이고 무엇인가? 나의 삶과 사회는 과연 어디로 가야만 하는가? 삶과 사회의 의미와 가치는 무엇인가?" 목이 터지도록 외쳐댄다.

이 '철학의 오솔길'을 한 발자국씩 걸으면서 나는 꽤 오래전에 펴낸 『철학의 이해』(박영사)를 대부분 참고했다. 필요할 경우에는 플라톤의 『국가론』『향연』『파이돈』 등과 아우구스티누스의 『고백록』 그리고 『철학사전(*The Encyclopedia of Philosophy*)』(Macmillan, 1985) 등을 다시 한 번 수차례 펼쳐보았다. 율곡 이이의 '일즉다 다즉일(一卽多 多

卽一)'이 불쑥 떠오른다.

걸어가야 할 길, 숨 쉬며 살아가야 할 날들이 얼마나 남았을까? 나는 지금 이 순간에도 살아 있다는 것의 의미를 물으면서 정처 없이 방황한다. 이 책은 수없이 방황을 되풀이하는 내 삶의 한 조각이다.

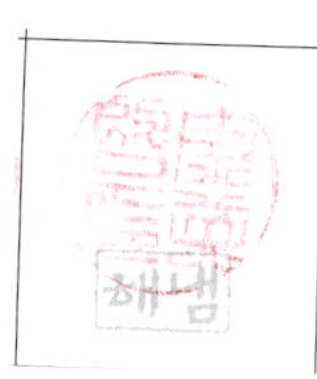

철학의 오솔길

초판 1쇄 2012년 9월 10일

지은이 | 강영계
펴낸이 | 송영석

편집장 | 이진숙 · 이혜진
기획편집 | 박신애 · 한지혜 · 박은영 · 신량 · 오규원
디자인 | 박윤정 · 박새로미
마케팅 | 이종우 · 한명회 · 김유종
관리 | 송우석 · 황규성 · 전지연 · 황지현

펴낸곳 | (株) 해냄출판사
등록번호 | 제10-229호
등록일자 | 1988년 5월 11일(설립연도 | 1983년 6월 24일)

120-210 서울시 마포구 서교동 368-4 해냄빌딩 5 · 6층
대표전화 | 326-1600 **팩스** | 326-1624
홈페이지 | www.hainaim.com

ISBN 978-89-6574-357-6

파본은 본사나 구입하신 서점에서 교환하여 드립니다.